Francisco de Rojas Zorrilla

Santa Isabel, reina de Portugal

Barcelona **2024**
Linkgua-ediciones.com

Créditos

Título original: Santa Isabel, reina de Portugal.

© 2024, Red ediciones S.L.

e-mail: info@linkgua.com

Diseño de cubierta: Michel Mallard.

ISBN tapa dura: 978-84-9953-630-9.
ISBN rústica: 978-84-96428-90-4.
ISBN ebook: 978-84-9897-782-0.

Cualquier forma de reproducción, distribución, comunicación pública o transformación de esta obra solo puede ser realizada con la autorización de sus titulares, salvo excepción prevista por la ley. Diríjase a CEDRO (Centro Español de Derechos Reprográficos, www.cedro.org) si necesita fotocopiar, escanear o hacer copias digitales de algún fragmento de esta obra.

Sumario

Créditos ———————————————————————— 4

Brevísima presentación ——————————————— 7
   La vida ——————————————————————— 7

Personajes ——————————————————————— 8

Jornada primera ———————————————————— 9

Jornada segunda ——————————————————— 43

Jornada tercera ——————————————————— 75

Libros a la carta —————————————————— 115

Brevísima presentación

La vida

Francisco de Rojas Zorrilla (Toledo, 1607-Madrid, 1648). España. Hijo de un militar toledano de origen judío, nació el 4 de octubre de 1607. Estudió en Salamanca y luego se trasladó a Madrid, donde vivió el resto de su vida. Fue uno de los poetas más encumbrados de la corte de Felipe IV. Y en 1645 obtuvo, por intervención del rey, el hábito de Santiago.

Empezó a escribir en 1632, junto a Pérez Montalbán y Calderón de la Barca, la tragedia El monstruo de la fortuna. Más tarde colaboró también con Vélez de Guevara, Mira de Amescua y otros autores.

Felipe IV protegió a Rojas y pronto las comedias de éste fueron a palacio; su sátira contra sus colegas fue tan dura al parecer que alguno de los ofendidos o algún matón a sueldo le dio varias cuchilladas que casi lo matan. En 1640, y para el estreno de un nuevo teatro construido con todo lujo, compuso por encargo la comedia *Los bandos de Verona*. El monarca, satisfecho con el dramaturgo, se empeñó en concederle el hábito de Santiago: las primeras informaciones no probaron ni su hidalguía ni su limpieza de sangre, antes bien, la empañaron; pero una segunda investigación que tuvo por escribano a Quevedo, mereció el placer y fue confirmado en el hábito (1643). En 1644, desolado el monarca por la muerte de su esposa Isabel de Borbón y poco más tarde por la de su hijo, ordenó clausurar los teatros, que no se abrirían ya en vida de Rojas Zorrilla, muerto en Madrid el 23 de enero de 1648.

Personajes

Rey Dionis
Reina santa Isabel
Ramiro, galán
Tarabilla, gracioso
Carlos, galán
Blanca, dama
Mendo
Un soldado
Un artífice

Jornada primera

(Sale por una puerta toda la compañía dando memoriales al rey Dionis, y el rey se los vaya dando a Carlos, su privado. Salga un soldado y Mendo.)

Mendo
Yo soy Mendo de Moncada,
vasallo humilde y fiel;
a vuestra esposa Isabel
he servido en la jornada
cuando vino de Aragón;
y a vos con afecto igual
seis años en Portugal
pido un gobierno.

Rey
                Es razón.

(Toma el memorial y dásele a Carlos.)

Soldado
Yo soy Vasco de Meneses,
admire en mí vuestra alteza,
no mi valor, mi pobreza;
ya he trocado los paveses
a aqueste pobre vestido:
los blasones que adquirí
con la pobreza perdí:
como noble os he servido.
Yo en la India del Oriente
más provincias sujeté
que arenas besan el pie
al imperio de Occidente.
tantos indios...

Rey
          Bien está,
conozco vuestro valor

                dadme el memorial.

Soldado   Señor...

(Dale el memorial y el rey a Carlos.)

Rey   Carlos os despachará.

Soldado   En tardando, no es igual
                        la correspondencia aquí:
                        yo puntual os serví
                        pagadme vos puntual.

Rey   Él verá lo que ha de hacer,
                        y entre tanto aguardad vos.

Soldado   Sí hiciera; mas ¡voto a Dios!
                        que no tengo qué comer.

Carlos   Salid fuera.

Rey   Hame agradado
                        el brío; dejalde agora.

Soldado   Si el Rey mi valor no ignora...

Rey   Tiene razón, y es soldado
                        este diamante llevad,
                        y en otra ocasión volved.

Soldado   Gran Señor, otra merced
                        pido a vuestra majestad,
                        y es, que si esta merced gano,
                        no despache las que espero

	don Carlos, porque no quiero las mercedes de su mano. no os admire impulso tal, aunque falte a vuestra fe, pues sin hacerme por qué te quiero de balde mal.
Rey	El memorial se verá, y estad con Carlos mejor, que él sabrá vuestro valor y luego os despachará.
Soldado	Rey, suyo te llegue a ver ese polo contrapuesto; si no me despacha presto yo sé lo que pienso hacer.
(Vase.)	
Rey	Mal os quiere este soldado: ¿Por qué enojado estará?
Carlos	Juzgo, Señor, que será porque no le he despachado.
Rey	Hoy me doy el parabien, que en caso tan desigual si todos os quieren mal os quiero por todos bien.
Carlos	Juzgo que su alteza ignora que en mí hay bastante disculpa pues tiene desto la culpa...

Rey   ¿Quién?

Carlos   La Reina, mi señora;
         porque la dije que había
         gastado un millon y más
         en limosnas, y que estás
         tan pobre, que no sabía
         cómo podrías pagar
         diez mil hombres, que en campaña
         por las orillas que baña
         el Tajo se han de alojar
         para la guerra que intentas...

Rey   Habla no tengas temor
         di, ¿qué te dijo?

Carlos   Señor,
         mil injurias, mil afrentas,
         y como es en Portugal
         tan estimado Isabel,
         el que a su sangre es fiel
         me quiere por ella mal.
         Mi desdicha me destierra,
         y porque este riesgo evite,
         ¡oh rey Dionís! me permite
         que me parta a Ingalaterra,
         mi patria, donde conquisto
         merecer, de ti apartado,
         si no ser más estimado
         por lo menos más bien quisto.
         no es posible, ni aún es ley
         como mis daños me ofrecen,
         que a quien todos aborrecen
         quiera solamente el Rey.

(De rodillas.)   Llegue ya de ti a alcanzar
este honor, este interés,
o de tus invictos pies
no me pienso levantar.

Rey   Don Carlos, pues llego a ver
de las razones que infiero
que solo porque yo os quiero
os llegan a aborrecer,
me he de transformar en vos
con afecto tan igual,
que aquel que os quisiere mal
nos quiera mal a los dos.

Carlos   Si a tu cielo me levantas
es más forzoso el temor,
que es la distancia mayor
para caer a tus plantas.

Rey   Vuestra lealtad os abona
en mi amor, y si pudiera,
pienso, Carlos, que partiera
con vos imperio y corona.

(Sale Tarabilla.)

Tarabilla   A don Ramiro, mi amo,
por aquestas salas vengo
buscando, y no le he encontrado.
El Rey está allí, no quiero
que me vea; poco a poco,
pues no me ha visto, me vuelvo.

Rey   ¿Quién es?

Tarabilla (Aparte.)   No es nadie, yo soy.
(Pescóme.)

Carlos
      Es un lacayuelo
de don Ramiro, el privado
de tu esposa, de humor nuevo,
se hace astrólogo, y podrás
con él divertir el tiempo
un rato.

Tarabilla   Voyme.

Rey   No os vais.
¿Cómo os llamáis?

Tarabilla (Aparte.)   (Esto es hecho.)
¿A quién dice vuestra alteza?

Rey   A vos.

Tarabilla
      ¿A mí? El nombre pienso
que habéis de extrañar como es
tarabilla; me pusieron
por hablador este nombre.

Rey   ¿Habláis mucho?

Tarabilla
      Soy eterno,
hablo de recién venido
a cualquier parte que llego
sin saberlo que se habla
dos o tres horas y luego
que he entendido lo que dicen,

| | les vuelvo a pegar de nuevo
| | sobre el punto, doy arbitrios,
| | admírome y hago gestos:
| | ¡Si el Rey me escuchara a mí!
| | ¡Si tomára mis consejos!
| | y, en efecto, a todas cosas
| | sé dar diversos remedios.

Rey   ¿Y en esto de astrología
             diz que sois grande sujeto?

Tarabilla   Notable, y porque lo veáis
             pronósticos son aquestos

(Descubre una pretina de papeles.)

                    de los años que han pasado,
                    porque de los venideros
                    yo pienso que no hay ninguno
                    que pueda afirmar lo cierto,
                    y esto lo hemos visto todos;
(Saque un libro.)   más este es lunario nuevo
                    de lo que ha de suceder
                    el año que viene, empiezo:
                    la mayor señal de agua
                    conforme dice Ruperto,
                    es no tener para vino,
                    y cuando estuviere Venus
                    con Géminis, que es un signo
                    mezclado con los ungüentos,
                    es que está Venus herida
                    y es Géminis el remedio.
                    si Júpiter está en Libra,
                    es que vive de tendero,

si la Luna está en cabeza
de Dragón, será muy cierto
que el dragón tiene cabeza.
item, si hubiere en el cielo
cometa, según Nebrija,
pronostica mil encuentros
de reyes en las barajas
todas las veces que hay juego.
si el Sol estuviere en Piscis,
y algo salado el aspecto,
es señal que está de viérnes:
será año de pocos huevos:
habrá melones, pepinos,
médicos, con que protesto
que morirá mucha gente
si no los matan a ellos.
va el capítulo segundo
que trata de los agüeros
el que a salir de su casa
encontráre tabernero,
tendrá un día muy aguado,
y el que sin llevar dineros
fuere a buscar qué comer,
se volverá sin traerlo.
El que encontráre algún zurdo
por la mañana, protesto
que no hará cosa a derechas.
item, aquel que riñendo
se le cayere la espada,
tendrá por mejor agüero
que caérsele la cara.
va el capítulo tercero
de fisonomía.

Carlos   Vaya.

Tarabilla   El que tuviere el aspecto
con frente chica y arrugas
en ella dice Marcelio,
que tendrá cara de mico
si tiene pequeño el gesto;
el que tuviere la boca
en almíbar (decir quiero
en humedad como balsa),
con perdigones a trechos,
que va lloviendo razones
y va escupiendo concetos,
que habrá menester traer
enjugador, pues con esto,
si hablaba de regadío,
hablará en secano luego.
item, el que fuere bizco,
viene a valer por dos tuertos,
pues no se sabe de qué ojo
de los dos viene a ser ciego.

(Item...)

Carlos   Teneos, Tarabilla.

Tarabilla   El que tuviere...

Rey   Teneos.

Tarabilla   Suplico a tu majestad
que oiga no más de seiscientos
capítulos que me faltan.

Rey   Denle mil escudos.

Tarabilla   Quedo,
no quiero tantos.

Rey   ¿Por qué?

Tarabilla   Porque si me mandas ciento
podrá ser que se me den,
y los mil es largo cuento;
y ansí, Señor, quiero más,
si no te enojas de aquesto,
que mandes ciento y dés mil,
que no mil y no dés ciento.

Rey   Yo mandaré que os los dén.

Tarabilla   Mil años os guarde el cielo.

(Vase.)

Carlos   Ya, Señor, la Reina sale
con don Ramiro, y sospecho
que porque le estima tanto
me tiene aborrecimiento.
Es su secretario y es
su privanza, que no puedo
quitar este inconveniente
de mis ojos.

Rey   Carlos, creo
que don Ramiro es culpado
en este caso, y aún creo
que privando con mi esposa

	tiene mis reinos inquietos;
	yo lo remediaré todo.
Carlos (Aparte.)	Ya llegan. (Ansí prevengo
	con mi venganza mi dicha.)

(Salen la reina santa Isabel y don Ramiro.)

Reina	Esposo, Señor y dueño
	de mis sentidos.
Rey	Señora.
Reina	¿Qué tenéis, decid?
Don Ramiro (Aparte.)	(Sospecho
	que el Rey airado me mira.)
Rey	A solas hablaros quiero,
	don Ramiro, salid fuera.
Reina	Esperad, que a un mismo tiempo
	ha de salir tambien Carlos
	cuando él se vaya, supuesto
	que tiene tambien oidos,
	y hemos de hablar en secreto.
Rey	Decís bien, váyase Carlos.
Carlos (Aparte.)	¡Que esto suceda!
Don Ramiro (Aparte.)	(¡Esto veo!)
Rey	Pero no quede Ramiro.

Don Ramiro	Yo me voy.
Carlos	Y yo obedezco.
(Vanse.)	
Rey	Solos, Isabel, estamos; escuchadme.
Reina	Ya os atiendo.
Rey	Tres años juzgo que habrá, tres años, si bien me acuerdo, que en la raya de Castilla os entregó el rey don Pedro, vuestro padre, a los infantes don Sancho y don Jaime: acuerdo que el de Figueira y don Vasco en Aragón dispusieron. Llegastes a mis Estados, puse en vuestra mano el cetro, y si antes me enamoraba vuestro pincel lisonjero, me rindió el original tanto de vuestros luceros, que aún no me debió el retrato lo menos que en vos me debo; el alma os di con la mano, celebró Lisboa el premio...
Reina	Los discursos y razones, las digresiones dejemos y vamos a lo importante.

Rey

Decir tres cosas intento
en que, como tan discreta
pondréis los justos remedios.
Es la primera, Isabel,
que en lugar de los trofeos
con que debéis estimaros,
vestís de traje grosero
vuestra persona real,
siendo ridículo objeto
de Portugal, y a que piensen
que acostumbraban los reinos
de Aragón vestir por sedas
esos adornos groseros;
¿a que efecto y santidad?
y aunque es santo vuestro celo,
y el traje a vuestra virtud
ocultará algún misterio,
podréis, Isabel hermosa,
pues sois tan discreta a un tiempo,
pues con Dios sabéis cumplir,
cumplir tambien con el pueblo.
La segunda es que trujistes
de Aragón, con menosprecio
de mi Estado, un don Ramiro,
que siendo privado vuestro
aspirará a mi corona,
pues como el imperio os dejo
en vuestra mano, y mandáis
igualmente en estos reinos,
vos sola llevada, vos,
de sus pensamientos necias,
lo que él dispone ordenáis,
y con ser yo esposo vuestro

y Rey de aquesta corona,
vengo a ser en ella menos
que un vasallo que no es mío,
pues con nuevo atrevimiento
aún no mando yo una cosa
cuando él la deshace luego,
ganando las voluntades
de mis vasallos; mas dejo
agora, por lo que es más,
este mejor sentimiento.
Es la tercera, Isabel,
y que por mayor la siento,
que sabiendo vos que estoy
tan empeñado, y que tengo
mil banderas lusitanas
por las márgenes del Tejo,
y que conforme a mis rentas
apenas sustentar puedo
los soldados que apercibo
contra los alarbes fieros,
en tres meses solamente,
sin mercedes ni gobiernos,
habéis dado de limosnas
más de un millon; ¿es aquesto
santidad? ¿Es cristiandad,
cuando tan pobre me veo,
quitarme la renta a mí?
¿Dudáis acaso que vengo
a ser más pobre que todos,
aunque Rey? Y fuera desto,
las rentas reales ¿no son
las limosnas de los reinos
con que a los reyes ayudan
para defensa y provecho

de sus Estados? pues si es
manifiesto vuestro yerro,
templaos más en las acciones,
castigad vuestros defectos,
reprimid vuestra imprudencia,
haced noble el sufrimiento,
sujetad vuestros discursos,
dad la rienda al escarmiento,
porque pasa a hipocresía
lo que puede ser buen celo.
Esto, Isabel, os suplico,
como vuestro esposo y dueño,
como amante, como Rey.
Bien, Isabel, os merezco
que hagáis lo que agora os pide
mi amor, aún más que mi ruego,
y si no os parece justo,
como esposo vuestro puedo
mandarlo, y vos, como esposa,
deberéis obedecerlo.

Reina   Escuchando los discursos
que decís, aunque no vuestros,
pues no caben en los reyes
tales razones, confieso
que aunque siempre fui obediente
a vuestros justos preceptos,
hoy que la razón me sobra
y a vos no el conocimiento
de lo que tenéis en mí,
aunque tanto amor os debo,
guando sale la imprudencia
a vestirse del desprecio,
siendo cada voz agravio,

y escándalo cada afecto.
Echaréis de ver, Señor,
lo que os estimo, supuesto
que no os debo el menor cargo
de los que argüís defectos,
y hoy Vos, siendo más que todo,
me debéis el sufrimiento;
y a imaginar que son culpas
los que vos consultáis yerros,
arrojada la razón
me induciera a mil excesos,
que agora por justas causas
entre mi obediencia templo,
que es, cuando sois arrojado,
muy noble mi sentimiento;
y aunque la satisfacción
es el delito primero
en mi, pues viene a ser culpa
llegar a satisfaceros,
a vuestras tres objeciones
responder agora quiero
por Dios, por vos y por mí,
pues la una razón infiero
que es causa del ciclo mismo,
y a las otras dos me esfuerzo
por ser causas del honor,
y me toca responderos.
Decís que ando en tosco traje
y que murmuran los reinos
que los brocados no arrastre;
¿Qué pensáis, esposo y dueño,
que son la plata y el oro,
seda y brocado? Ornamentos
que nuestras culpas publican

con la grandeza ellos mesmos.
oid una semejanza
que en los divinos preceptos,
mucho más que en los humanos,
alcanzó el conocimiento.
Y aquesta moralidad
me perdonad, que ansí puedo
de lo que llamáis error
daros el conocimiento.
Crió Dios al primer hombre
desnudo, enseñando en esto
que desnudo de la culpa
mereció el primer asiento.
Pecó despues, y arrojado
de aquel paraíso bello,
nos afirma la Escritura
que de vestidos groseros
cubrió las mortales carnes
en su culpa, y ansí creo
que solo porque pecó
vistió el animado cuerpo,
siendo insignias los vestidos
de su pecado primero.
Luego el vestido es, Señor,
una señal en que vemos
nuestra origen en la culpa,
y ansí aquel que más grosero
trujere el traje, querrá
que sea el delito menos.
Y, al contrario, el que lucido
de costosos ornamentos
viste de oro su culpa,
hace gala de lo mesmo
que debiera disfrazar;

pues hoy lo mismo contemplo
en nosotras, y ansí visto
la tosca estameña, y quiero
cubrir algo del pecado,
hacer menor el defecto.
La seda arrastre el que intenta
vestir su pecado mesmo,
pues ignora lo que hace,
que yo, admirando sus yerros,
vestida en aqueste traje
podré hacer mi culpa menos.
vamos, pues, a lo segundo:
ya os acordáis que don Pedro,
mi padre, Rey de Aragón,
puso por primer concierto
que don Ramiro estuviese
conmigo en aquestos reinos,
y si Vos lo permitistes,
culpad vuestros desaciertos,
y no me arguyáis de culpa,
pues hoy en un mesmo tiempo
las órdenes de mi padre
y las vuestras obedezco.
Y a lo último respondo:
pregunto, si vuestro imperio,
carro decís, está pobre
y los dos no socorremos
a los pobres, claro está
que será mayor el riesgo
de Portugal, pues dejamos
de dar el forzoso feudo,
que es la limosna; pues Dios
nos da solo porque demos
a los pobres, que estas rentas

                y este tesoro no es nuestro
                tanto como es de los pobres,
                que en ley de reyes debemos
                socorrer cuando nos sobra,
                pedir cuando no tenemos.
                Y ansí perdonad, Señor,
                si de mis atrevimientos
                en respuesta del honor
                véis los primeros excesos
                yo he de socorrer los pobres,
                y cuando vos descompuesto
                lo evitéis...

Rey   Basta, Isabel;
                yo sabré poner remedio,
                no habléis más.

Reina   Yo callaré;
                mas advertid...

Rey   No pretendo
                que prosigáis, ¿es limosna
                partir las rentas que tengo
                con los pobres? ¿Pensáis vos
                que habéis de cobrar con eso
                fama de santa en Lisboa?
                y ¿cuándo recibe el cielo
                las limosnas que se dan
                de patrimonios ajenos?
                Volved por vos; pero yo,
                si he sido hasta ahora necio,
                escarmentando en mí mismo,
                pienso empezar a ser cuerdo.

(Vase. Salga por una puerta Carlos, por otra don Ramiro y Blanca por la de en medio.)

Reina   ¡Hola!

Blanca   ¿Señora?

Reina (Aparte.)   (Los dos,
y doña Blanca han salido,
lo que busqué ha sucedido.)
No os llamé, Carlos, a vos.

Carlos   Vuélvome si lo mandáis.

Reina   Esperad, hablar podré,
porque aunque a Blanca llamé
tampoco mando que os vais.
sabed que me han dicho.

Carlos (Aparte.)   (No oso
mover cobarde los labios.)

Reina   Que haciendo a mi honor agravios
me ponéis mal con mi esposo.

Carlos   Yo, Señora, a poder ser...

Reina   No me déis satisfacción,
que ni es de vos tal acción
ni yo la quiero creer.
Que si en vos lealtades veo,
es disculpa inadvertida,
y aún yo vengo a estar corrida
de que penséis que lo creo.

Carlos		Y a haber quien pensára tal...

Reina		Nadie de vos lo ha pensado;
		conmigo estáis disculpado,
		disculpaos con Portugal.

(Vase.)

Blanca		Nuevos prodigios admiro;
		salir con la Reina quiero,
		que despues volver espero
		y hablaré con don Ramiro.

(Deja caer un lienzo, y vase.)

Don Ramiro	Un lienzo se te cayó
		y es fuerza disimular.

Carlos		Aquel lienzo quiero alzar.

Don Ramiro	Hay quién lo estorbe.

(Detiene Ramiro a Carlos, y dejen el lienzo en el suelo.)

Carlos				¿Vos?

Don Ramiro			Yo.

Carlos		Sois tan poco positor
		en el favor que conquisto
		que a la intención me resisto
		de castigar vuestro error;
		pues si agora mi rigor

no empieza a exhalar aquí
los incendios que hay en mí,
es porque somos los dos,
yo muy hombre para vos,
vos muy poco para mí.
Y solo mi sentimiento
es en tan grande imprudencia,
no de vuestra resistencia,
si de vuestro atrevimiento.
Pues agora solo siento
si he de asegurar por mal
impulso, y exceso tal.
En el favor que consigo,
que se mienta igual comulgo
quien nació tan desigual
la vida os da mi clemencia,
porque aunque valor me sobra,
soy como el rayo, que obra
en donde halla resistencia
y como vuestra paciencia
os quiere ansí reportar,
podréis agora pensar
que si rayo me argüís,
porque no me resistís
no os he querido matar.

Don Ramiro   Aunque pudiera mejor
en causa tan apretada
dar la violencia a la espada
y la respuesta al valor,
por convencer vuestro error
os quiero satisfacer,
y hoy me he querido deber
este honrado sufrimiento;

carlos, escuchadme atento,
que bien hay a qué atender.
De todos aborrecido
tanto sois en Portugal,
que solo no os quiere mal
el que no os ha conocido;
yerro es si os mato ofendido,
que el vulgo a veces es tal,
que muerto, seréis leal,
y quiero, aunque a mí me ofendo,
si os han de estimar muriendo
que viváis y os quieran mal.
vuestra lengua articuló
diferencia entre los dos,
pues escuchad quién sois vos,
y sacaréis quién soy yo.
Vuestro Rey os desterró
de Ingalaterra irritado,
y si el mío os ha amparado
es contra costumbre y ley
yo enviado fui de mi Rey,
y vos del vuestro arrojado.
Yo vine con Isabel;
vos forzado habéis venido;
yo soy de todos querido,
vos no con el vulgo fiel
yo soy leal, vos infiel;
yo he sido siempre, vos hoy;
yo objeto a la fama doy,
y vos por diversos modos
sois escándalo de todos:
mirad quién sois, y quién soy.

Carlos   Yo, si de mi patria bella

a Portugal vine, fue
porque un título maté
pariente del Rey en ella:
reinos Dionís atropella
por darme su mano y ser,
luego si en honra y poder,
siendo extranjeros los dos,
me hace más favor que a vos,
más debo de merecer.

(Rasgan los dos el lienzo, y empuñen las dagas.)

Don Ramiro   Ya a la venganza me apresto.

Carlos   Que dejéis el lienzo os digo.

Don Ramiro   Mal el incendio mitigo.

(Sale la reina, y suelten los dos el lienzo.)

Reina   Esperad, tened, ¿qué es esto?
                   ¿Qué lienzo es este, Ramiro?
                   alzad el lienzo del suelo.

Don Ramiro   Sí haré; véisle aquí.

Reina   Recelo
                   que es de Blanca.

Carlos   ¡Que esto miro!

Reina (Aparte.)   (Turbados están los dos.)
                   ¿No habláis?

Don Ramiro	Fue porque perdido estos...
Reina (Aparte.)	(Sin duda han reñido sobre el lienzo.) Decid vos ¿Es enojo?
Carlos	No, Señora.
Reina	Ramiro, ¿es esto verdad?
Don Ramiro	Eterna es nuestra amistad.
Carlos	¿Quién en Portugal lo ignora?
Reina	Pues por saberlo más bien y no pecar de ignorante, quiero que en aqueste instante los dos la mano se den: don Ramiro, ¿qué os turbáis? vos, don Carlos, ¿qué teméis? ¿Cómo no me respondéis? ¿Cómo la mano no os dais?
Carlos (Aparte.)	(En mi incendio estoy penando.)
Don Ramiro (Aparte.)	(¡Etnas exhalo de fuego!)
Reina	A vos, Carlos, os lo ruego; a vos, Ramiro, os lo mando.
Don Ramiro	Soy noble y tengo lealtad: esta es, don Carlos, mi mano.

Carlos (Aparte.) (Mi intento ha salido en vano.)
Y esta es la mía.

(Danse las manos, y detiénelos la Reina.)

Reina
                  Esperad,
y mirad, Carlos que os digo,
que aunque porque no riñáis
la mano agora le dais.
Que le seréis siempre amigo.
Ya pienso que me entendéis,
que yo por él os prometo
que por mi justo respeto
un hermano en él tendréis.
Id con Dios y sin recelo.

Carlos (Aparte.) Él os guarde. (¡Hay tal pesar!)

Reina No lo quiero averiguar.

Carlos Vengaréme, ¡vive el cielo!

(Vase.)

Reina Sentaos, don Ramiro; agora
tomad estos memoriales,
que yo ya sé por las causas
de dónde este efecto nace.

(Siéntese la Reina en una silla, saque de la manga unos memoriales, y Ramiro esté en un taburete.)

Don Ramiro Señora...

Reina   Dejaldo agora,
que esto es lo más importante.

Don Ramiro (Lea.)   «Memoriales son de pobres.»

Reina   El cielo me dé que darles.

Don Ramiro   Dice en este: «Una doncella,
que ha servido al Rey, su padre.
En las fronteras de Ceuta
diez años, siendo su alcalde
contra el agareno fiero
y que murió sin premiarle,
y ella tan pobre quedó
que ni aún a la iglesia sale
por no tener un vestido
decente a su noble sangre».

Reina   Mandad que la den dos míos
y cien escudos: hoy gane
esta huérfana doncella
en mí una piadosa madre.

Don Ramiro (Leyendo.)
                               «Luis de Almeida, ha siete años,
que de un accidente grave
está en la cama, y es hombre
de ochenta años.» Que le ampares
pide por su memorial.

Reina   Vos en persona llevadle
cada día la comida,
y podréis, que es justo, darle

cincuenta escudos; yo misma
quiero salir esta tarde,
como a los demás enfermos,
a verle y a aconsejarle;
pero porque el Rey no venga
será fuerza levantarme,
y dejemos para luego,
ramiro, los memoriales,
y escribid aquesos dos.

(Vase por una puerta, y sale el rey por la otra.)

Don Ramiro	Haré lo que me ordenares, juntarlos quiero y dejarlos.
Rey	Dejad esos memoriales.
Don Ramiro	Señor...
Rey	No me repliquéis, «Pobres» dicen: ignorante, atrevido...
Don Ramiro	¡Hay tal desdicha!
Rey	Traidor! aleve! cobarde! ¿Vos consultáis con la Reina? ¿Vos disponéis memoriales? ¿Vos me inquietáis mis Estados? Pues sabed que en mi renacen reflejos para cegaros cuando incendios que os abrasen, y como en mi enojo envueltas

(Rasga los memoriales.)

        Hago forzosas señales
        en los átomos que véis,
        así el que nieve intentare...
        Mas, ¿qué sirve la amenaza
        si es el castigo tan fácil?
        ¿No suele una blanca nube
        esparcida por los aires
        dar con arrebol de luz
        a los montes de oro esmalte,
        ilustrando las campañas,
        y dentro de un breve instante
        por juntársele otra nube
        soberbia, altiva, arrogante,
        de exhalaciones vestida,
        por esa región del aire
        lanzas de cristal arroja
        que solo el monte repare,
        y obligada del vapor
        rayos esgrime que salen
        a buscar su centro mismo,
        y la que era poco antes
        arrebol de las montañas
        ya es escándalo del aire?
        Pues yo imitando esa nube
        daba celestes celajes,
        arreboles esparcía;
        pero cuando por alarde
        doraba cumbres y montes,
        quisistes que se llegasen
        tantas causas a mi enojo,
        fuistes fuego que juntastes
        al vapor la exhalación;

                    lloví enojos y pesares,
                    hicistes de aquesta nube
                    la llama altiva aumentarse
                    con otra causa mayor,
                    y apretado en tantos males
                    salió el rayo de esta nube
                    a que vuestra culpa abrase.
                    De aquesto inferir podréis
                    que vos el rayo causastes,
                    vos fuistes la exhalación,
                    y que de puro apretarme
                    reventó el fuego a su centro
                    a diluvios y a volcanes.
                    Y advertid, que si os perdono
                    culpas que en vos son tan graves,
                    sabrá castigar mejor
                    quien mejor perdonar sabe.

(Hace que se va.)

Don Ramiro   Suplico a tu majestad
                   que mis disculpas alcancen
                   perdon, y que me escuchéis.

Rey (Aparte.)   (¿Qué pierdo yo en escucharle?)
                   Decid, porque quiero agora
                   que vuestra disculpa baste
                   al mismo conocimiento
                   de los yerros que en vos nacen.
                   Y no os quede sentimiento,
                   que no será disculparse
                   si os dejáis dentro del pecho
                   de miedo la mayor parte.

Don Ramiro Pues ya con esa licencia,
cuando apenas de cobarde
articular me atreviera
lo que es fuerza que declare,
esa nube que decís
hoy el ejemplo me trae
a los ojos, pues con ella
os responderé; escuchadme
¿no habéis visto en esa nube
que cuando algún rayo sale
a buscar su centro altivo,
la llama del rayo hace
un relámpago en el viento
y opacamente se esparce
deslumbrando desde lejos,
y si llegan a mirarle,
dicen todos: allí hay rayo,
por ser ciertas las señales
de aquella confusa luz?
Igual es, sin que os agravie,
el ejemplo que decís,
pues cuando el rayo alterastes,
me fueron vuestras palabras
el relámpago radiante,
pira que yo conociese
de qué parte el rayo nace;
mas como no soy el centro
de su fuego penetrante,
y como hay exhalación
en palacio que le cause,
y aquel rayo no me mata
por las forzosas señales
del relámpago que miro,
conozco de dónde sale.

¿Delito es servir la Reina?
Si el Rey de Aragón, su padre,
me mandó que la asistiese,
y si vos capitulastes
que yo viniese con ella,
pira que al lado mirase
un vasallo de su reino;
y si vos subordinastes
a su elección este imperio,
permitiendo que mandase
igualmente en los Estados;
si por esposo y amante
dejastes a su elección
un tiempo cosas tan graves
si soy solo quien la sirve,
y si ella debe ampararme,
¿no es fuerza que la obedezca
si es fuerza que ella me mande?
Diréis que la obligo yo
que gaste las rentas reales
en mercedes y gobiernos;
no es cierto, si della nacen
el ayuno y disciplina
en que siempre es vigilante,
que la limosna tambien
es destos efectos parte
¿no veis que tengo razón?
Pues, Señor, o desterradme
o haced que me den la muerte,
o haced que ella no me mande,
pues tengo de obedecella
y vos cumplís con matarme
o desterrarme del reino;
y en cosas tan desiguales

	no cumpliré con mi Rey
si firme, leal, constante,
sus órdenes no obedezco;
y más quiero en este lance
morir de honrado vasallo
que no faltar de cobarde.
Rey	Pienso que tenéis razón
idos con Dios.
Don Ramiro	Él os guarde.
	Fin de la primera jornada

Jornada segunda

(Salen Carlos y el rey.)

Carlos	Rey don Dionís, insigne y generoso,
cuyo brazo atrevido y valeroso,
porque blasones goce,
antes le teme el Sol que le conoce;
a solas te he buscado,
permite a tus discursos mi cuidado,
y escucha, pues prudente me provocas,
prolijas quejas en razones pocas.

Rey	Tanto en mi amor mereces,
Carlos, que cuando ofreces
el agravio a los labios,
tomo por míos todos tus agravios,
y si has de descansar, aunque lo sienta,
dime tus penas, tus pesares cuenta.

Carlos	Por descansar los digo.

Rey	Prosigue, Carlos, di tu mal.

Carlos	 Prosigo.
Aún no la aurora despertaba al día,
cuando en Ingalaterra, patria mía,
a un noble caballero,
lengua por armas, miedo por acero,
le saco a una campaña,
a quien salpica el mar, Támesis baña;
era de, Rey privado este que digo,
y como mi enemigo
me descompuso su intención, de suerte amante;

que recelé la muerte,
pues que le dijo al Rey que yo era
mas desafiéle, en fin, voy adelante;
con la lanza y escudo en la campaña,
dos veces fatigamos la montaña.
Perdona si le juzgas desvarío
porque quiero contarte el desafío;
con la lanza y escudo provocado,
más que de furia, de razón armado,
sobre un overo le acometo fuerte,
vibré la lanza y empuñé la muerte
el corazón se altera,
él, por herirme bien, toma carrera,
yo en el sitio le aguardo,
hiélome en iras, y en volcanes ardo,
el valor titubea,
lozano mi caballo se pasea,
y con relinchos al compás ufanos,
ya torciendo los pies, crugiendo manos,
dobló las coyunturas
tanto, que él se miró sus herraduras
dos veces; pues, el llano repetido,
él la lanza previene y yo la mido,
firme le aguardo, fuerte me amenaza,
muevo mi escudo, y él su escudo embraza;
dos murallas los dos en las dos sillas:
su lanza se hizo astillas,
quiso huir en efeto,
monte le sigo, rayo le acometo;
si, blanco bruto al Sol desafiando
dos montes paso a paso fue abreviando
pero dio en un arroyo que le bebe
a pedazos cristal y a copos nieve.
Mas por hacer alarde

o porque no le arguyan de cobarde,
hasta en el agua hacía
con los pies y las manos armonía;
círculos forma por la hermosa playa,
él anegado entre el cristal desmaya,
y tanto en su valor mi overo fía
que a relinchos al suyo desafía
paseando tan lozano
que se peinó las crines con la mano;
rendido, pues, entre el arroyo digo
que estaba mi enemigo;
levantóse ofendido de su fama,
con la espada y escudo a pie me llama,
dejo la lanza y el caballo arrimo,
bajo a la playa, y si hay temor le animo:
segunda vez en mi valor me ensayo,
pongo el escudo y desenvaino el rayo:
golpes mi brazo como rayos truena,
vi de un golpe el escudo me cercena,
con otro le respondo o con la muerte,
y en la cabeza su visera fuerte
encajé de manera,
que hice cabeza lo que fue visera,
aún no rendido, pues, aún no rendido,
de su gallardo espíritu oprimido,
tercera vez intenta la venganza,
y a la vida o la muerte se abalanza;
más desangrado de la fiera herida,
¡cuántos desmayos le debió la vida!
pues cuando más airado me atropella,
en cada golpe hallaba una centella;
en tanta confusión, en pena tanta,
mi acero le descubre la garganta
el golpe siendo tan sutil y airado

que al verse amenazado,
dos letras quiso hablarme por acierto:
mas pronunció una vivo y otra muerto.
Dejéle muerto, en fin; vuelvo a poblado,
hallo el vulgo alterado:
aseguran por cierto
que por traición le he muerto.
siendo evidente engaño.
huyo del Rey la furia, temo el daño;
embárcome, en efecto, huir prevengo,
a Portugal me vengo,
llego a tus plantas, Numa generoso;
dejo un Rey riguroso, hallo un piadoso;
ampárasme valiente,
fíasme el reino, júzgasme prudente,
vengando con tu honor tantas afrentas:
dásme Estados y rentas,
tratas con Isabel tu casamiento,
apruebo yo tu intento;
cásaste, en fin, con ella;
trae a Ramiro, ¡es infeliz mi estrella!
Isabel me aborrece,
síguela el pueblo, más mi injuria crece;
repréndeme Isabel, riñeme airada,
callo prudente, témola enojada;
a todo se me opone,
el pueblo con tu amor me descompone;
Lisboa me persigue,
Ramiro ayuda, y su traición consigue;
él me aborrece siempre, yo te quiero,
llámame lisonjero,
de atrevido me infama,
impútame traidor y vil me llama;
quiero sacarle al campo y él me sigue,

donde mi afrenta y su traición castigue.
Oye la Reina el caso,
ataja su intención, tiéneme el paso;
voy a dar la disculpa,
premia a Ramiro, dame a mí la culpa,
háceme que por fuerza sea su amigo,
doile la mano y queda mi enemigo;
acuerda su amistad en mi memoria
vengo a tus plantas, cuéntote mi historia
con dolor repartido entre mi llanto:
mira si un hombre puede sufrir tanto.

Rey

Muy poco te debo, Carlos,
y mucho en mi amor mereces,
pues a deber no te llego
lo que tú a mi fe le debes.
si Lisboa te desprecia,
si la Reina te aborrece,
y por los respetos míos
sufres, callas, lloras, sientes,
lo que has perdido con ella
en mi voluntad adquieres:
lábrate un alma en mi pecho
que sea tuya solamente,
hazte inmortal en mi amor,
eternizarte pretende,
débate yo el sufrimiento,
sufre roca, mármol siente,
y ya que por ti no puedas,
por mí siquiera padece;
yo sujetaré a tus plantas
los villanos que emprendieren
atreverse contra ti
pues a mi gusto se atreven,

                        carlos, amigo.

Carlos   Señor,
                        recelo...

Rey   Di, ¿qué temes
                        cuando a tus plantas consagro
                        la corona de mis sienes?
                        ea, basten los enojos,
                        amigo Carlos.

Carlos   ¿Qué quieres?

(Sale un criado.)

Criado   Don Ramiro quiere hablarte.

Rey   No puede agora, y tú vete.

Criado   Diréle que así lo mandas.

(Vase.)

Rey   Habla, Carlos, ¿tú enmudeces?

Carlos   Mejor es callar, Señor,
                        que el sentimiento es de suerte
                        que puede ser que me obligue...

Rey   Habla, di lo que quisieres.

Carlos   A decir...

Rey   Solos estamos.

Carlos	¿Que me acobardo?
Rey	Bien puedes soltar la rienda al descanso, ¿Quién te agravia? ¿Quién te ofende? verás que con el castigo...
Carlos	Basta, Señor, no me aprietes, que solo me ofende a mí quien a ti ofenderte quiere: y harto con esto te he dicho.
(Aparte.)	(Bien mi intento se previene.)
Rey	No Carlos, habla más claro, y pues noble y leal eres, no me hables como a Rey, como a amigo hablarme puedes.
Carlos	Es que Portugal murmura (ya que saberlo pretendes), que Ramiro, que la Reina, que su amor... pero ella viene.
Rey (Aparte.)	(¡Oh, y nunca empezado hubiera! mas disimular conviene, y fingiré con la Reina aunque en mis recelos pene.)
(Sale la reina.)	Reina y señora del alma.
Reina	Señor, ¿vuestra alteza alegre conmigo? Esta novedad parece en vos accidente.

Rey
> Accidente es de mi amor,
> y hoy (lo que extraño mil veces),
> nuevo Orfeo canto amores
> que a mí mismo me suspenden.

Reina
> ¿Sabéis cómo es vuestro canto?
> escuchadme.

Rey
> El alma atiende.

Reina
> ¿No habéis visto un blanco cisne
> copo entre el cristal de nieve,
> que nunca quiso cantar,
> y cuando morirse quiere,
> los aires suave admira,
> las aves dulce suspende
> siendo azucena con voz
> y antes cisne solamente?
> Vuestro amor viene a ser cisne,
> según las causas prometen,
> pues en el discurso largo
> de la vida, fuistes siempre
> cisne más noble callando,
> y hoy (efecto de la muerte),
> decís que vuestro amor canta,
> de donde inferir se puede,
> que amor cisne que ha callado
> si canta es señal que muere.

Rey (Aparte.)
> (Parece que ha conocido
> mi pensamiento.) Y si excede
> mi amor al vuestro, ¿no es cierto
> que soy yo quien más os quiere?

Reina   Eso, Señor, no es posible,
que he sido sirena siempre,
cuya voz intenta amante
moveros acordemente.

Rey   Pues de haber sido sirena
este argumento procede
atended al argumento.

Reina   Decid.

Rey   El discurso es este
la sirena, Reina hermosa,
tales cualidades tiene,
que canta dulce y suave
tanto y tan continuamente,
que es imán de amor su canto,
pues mata, rinde y suspende;
pero, al contrario del cisne,
cuando su muerte previene,
deja el canto, la voz guarda,
cierra el pecho, el labio prende,
y es, que como es venenosa
la sirena, al morir vierte
por sus venas su ponzoña,
y hasta el corazón se extiende
atajando voz y canto,
y así calla cuando muere
vos, pues, si fuiste sirena,
señora, argüirse puede
que si dulce me cantásteis
requiebros sonoramente,
hoy que calláis, es señal
que algún veneno se extiende

          en vos, como en la sirena,
          pues que no cantáis; de suerte,
          que o morís a tanto amor,
          o es que el veneno se vierte.

Reina   Señor, si vos presumís...

Rey   Tened que nada os ofende
          y hoy sin que el recelo pueda
          poneros defectos leves,
          esta cadena que es lazo

(Échale la cadena al cuello.)

          de mi honor traslado alegre
          en vuestra hermosa garganta.

Reina   Bien esas honras merece
          quien es esclava y esposa.

Rey   Y porque es fuerza que empiece
          a dar audiencia, Señora,
          me perdonad.

Reina   En tus sienes
          ponga el cielo soberano
          la diadema del Oriente.

Rey (Aparte.)   (¡Muerto voy!) —Carlos venid.

(Vanse los dos.)

Reina   ¡No sé qué recelos siente
          el alma, de aqueste Carlos!

                        Alas no hay ya qué me recele
                        estando Dios de mi parte;
                        sin duda que el cielo quiere
                        que yo socorra a los pobres
                        ioh si Ramiro viniese!
                        para que hiciese vender
                        esta cadena y la diese
                        a los pobres, que aunque Reina,
                        tan pobre Dionís me tiene
                        despues del primer enojo,
                        que aún salir no me consiente
                        a que remediar los pueda;
                        pero ya Ramiro viene.

(Sale donRamiro.)

Don Ramiro   Reina divina, celestial aurora
                        atenta ya de cuando Apolo dora,
                        hablarte a solas quiero,
                        permítale a mi acento lisonjero,
                        y hoy que mi mal con mis contentos lucha,
                        mi pena advierte y mi tormento escucha.

Reina   Si has de aliviar conmigo tus pesares,
                        dilos a golfos, viértelos a mares,
                        nada receles que es razón que aliente
                        el enfermo al curarle el accidente,
                        hoy te he de ser el médico y amigo,
                        di tus achaques, di tus males.

Don Ramiro   Digo:
                        ya sabes que talando las riberas,
                        arruinando edificios y fronteras,
                        el moro valenciano

53

marchaba con su ejército africano
contra Aragón; tu padre se provoca,
el parche anima y los clarines toca
revistióse de furia el Rey valiente,
ármome de vasallo y busco gente,
yen la orilla que el Ebro hermoso baña,
con mi ejército salgo a la campaña,
perdon a si lo juzgas desvarío,
porque contarte quiero el desafío
siénteme, pues, el moro: al arma loca;
yo con mi gente poca
impaciente a mi furia me provoco;
toca al arma Celin, al arma toco
andaba yo a caballo diligente,
mas Muza Ulin, su general valiente,
monstruo del Asia y animada roca,
cuerpo a cuerpo a caballo me provoca;
mas mi caballo por desear la guerra
a manotadas encendió la tierra;
dímonos, pues, los dos dos golpes fuertes,
y llamamos en unir las dos muertes;
mas como no hay más de una y rigurosa,
si allí estuvo la muerte, temerosa,
decir, Señora, puedo
que huyó por igualarnos o de miedo.
torno a tornar carrera por la falda
de un arroyo sonoro, y por la espalda
la lanza le enderezo;
él va huyendo, a este tiempo yo tropiezo,
mirame firme, y corre de manera
que aún no halló qué correr en la carrera,
pues iba tan ligero,
que huyó otra vez lo que dejó primero.
Mas como fugitivo dejó el llano,

se quedó mi caballo tan lozano
que al levantar las manos por la orilla
los clavos le conté desde la silla.
huyendo, como digo,
su atado bruto por cumplir consigo
desenfrenado choca,
donde le parte el golpe de unir roca.
Cae en el suelo, llámame a los brazos,
y haciendo los dos armas de los lazos,
yo le apreté de suerte,
que aún no cupiera para entrar la muerte,
y aunque dentro estuviera,
según le aprieto se la echara fuera;
saca un puñal juzgándose homicida,
y aunque me halló lugar para una herida,
me resisto animoso,
fuerte me insto y ardo riguroso:
«¿Cómo no mueres —dijo— estando herido?»
Yo le respondo airado y ofendido:
«No puedes, no, gozar de aquesta palma,
que es muy corta la puerta y grande el alma»,
estando unidos, firmes y abrazados,
a la vida o la muerte provocados,
forjándonos dos Etnas en los pechos,
igualmente en el juego satisfechos,
como mi aliento al suyo se pasaba
cada vez que a abrazarle me arrojaba,
dudé al verle constante en sufrimiento
si valor se infundía con mi aliento.
Vuelvo a apretarle y un suspiro formo,
bríos del alma a mi valor informo;
pero quiso mi dicha (o fue el acierto)
que sin saber de qué, le admiré muerto;
pero dije entre mí, ¿de qué me admiro?

Sin duda le maté con el suspiro;
quítole de los hombros la garganta,
suelvo a mi campo, el suyo se levanta,
vénzoles sin vencer, el día solloza,
alzo mi campo, vuelvo a Zaragoza,
estímame tu padre, honras me ofrece,
hónrasme tú y el pueblo me engrandece.
Pídele el rey Dionís con amor nuevo,
consultase conmigo, yo lo apruebo,
hacen que la jornada se prevenga,
quiere tu padre que contigo venga;
llegamos a Lisboa y yo obedezco,
honra al rey Dionís, servirle ofrezco;
sabe que tú me estimas y él se queja;
duda el Rey y con Carlos se aconseja;
yo me recelo, háblate el Rey un día,
oigo las quejas, temo su porfía,
tus penas siento, tus desdichas lloro,
de Blanca me enamoro;
cáesele un lienzo a Blanca en esta sala,
Carlos conmigo su traición iguala,
quiere alzarle y atájole su intento,
díceme injurias muchas, yo le afrento;
desafíame entónces yo lo admito,
él se enciende a este tiempo, y yo me incito,
sales tú a esta ocasión, templas el daño,
previénese don Carlos de un engaño:
dícele a Blanca, ¡ay Dios! que no he querido
salir al campo yo: llega a mi oído;
mándasme que consulte memoriales,
hállame el Rey al tiempo que tú sales,
trátame de traidor, yo lo consiento;
vístome de razón, digo mi intento,
respóndole atrevido, y él me infama,

creciendo mi lealtad muere mi fama;
aborréceme el Rey, Carlos me ofende;
uno mi muerte, otro mi mal pretende;
cuéntote el riesgo entre mi pena y llanto:
mira si un hombre puede sufrir tanto.

Reina   Ramiro si yo padezco
siendo Reina, y si tú alcanzas
que sufro a fuerza de noble
y que el sufrimiento labra,
si el corazón de diamante,
de roca obstinada el alma;
si la que es la Reina misma,
sufre, siente, llora, calla,
tú que mi vasallo eres,
¿no debes con mayor causa
participar de mis penas
mediar siquiera en mis ansias?
mira, Ramiro, los dos
penamos en una llama,
de un accidente morimos,
nuestro efecto es de una causa;
concertémonos los dos,
tú a Carlos, aunque él te agravia,
agasájale discreto;
yo al Rey, que mi ofensa traza
al compás que me aborrece
le pienso obligar más grata;
hagamos de nuestra parte
los dos: tú padece, calla:
yo sentiré y penaré;
no te mueva la venganza,
yérrate por mí esta vez,
deja ofensas y amenazas,

              hoy corre tormenta el mar
              y se sosiega mañana;
              y en el golfo lo de palacio
              no te admire la borrasca.
              Noria es aquí la fortuna
              que a unos sube y a otros baja
              y como da tantas vueltas,
              aquel que en lo alto estaba
              le verás llegar al centro,
              y que al compás se levanta
              el que agora en el abismo
              las arenas consultaba;
              tambien hemos de llegar;
              y si es el mal de una causa,
              consuélame a mí otro poco
              y verás en mi constancia
              que recelas lo que pido
              y hago yo lo que tú mandas.

Don Ramiro   ¡Ah, Señora! como el Rey
              de Aragón, tu padre, honraba
              a quien leal lo servía,
              siendo la segunda causa
              en su reino, agora siento
              mirarte a ti despreciada,
              y que fingiendo crueldades
              don Dionís no te agasaja;
              no eres Reina en Portugal,
              siendo en Aragón infanta;
              vasallo era yo en mi reino,
              y aquí, Señora, soy nada
              y viendo tales extremos
              de firmeza y de mudanza,
              ni sé lo que me sucede,

	ni sé lo que por ti pasa;
	mándasme que disimule,
	que reprima las palabras;
	por lo que a mí me tocare
	callaré; mas si villana
	lengua en ti pone defectos,
	vive Dios...
Reina	Ramiro, basta;
	no juréis, que Dios se ofende,
	y siendo Dios quien me ampara
	le estáis ofendiendo a él
	cuando él mira por mi causa.
	Dejemos esto, y llevad
	esta cadena, y gastalda
	en limosna a los pobres.
(No se la da.)	
Don Ramiro	Agora puedes guardarla,
	que un criado mío entró
	por dineros a mi cuadra,
	que ya los ha dado el cielo.
Reina	Dios te lo agradezca; hoy ganas
	con mi amor y con el cielo:
	conmigo honra, con él gracia.
(Sale Tarabilla.)	
Tarabilla	Lucero de Aragón, alba en Castilla,
	balde dos o tres pies a Tarabilla.
Reina	Seas muy bien venido.

Don Ramiro	¿Traes el dinero?
Tarabilla	No; atención te pido.
Don Ramiro	No has de hablar mucho.
Tarabilla	Fuera maravilla

    que hable poco quien es la Tarabilla,
salí de aquesta cuadra hasta la tuya,
más alegre que toda la Aleluya,
por los cincuenta escudos que mandaste;
mas di con todo mi contento al traste
porque al pasar vi al Rey en una silla:
estaba con la mano en la mejilla,
atufado el semblante, y la presencia
cara de quien escucha una sentencia;
las acciones y el modo suspendido,
talle del que ha jugado y ha perdido
descompuesto el sombrero,
semblante tintorero,
bebiendo pensamientos y razones,
modo de responder pares o nones;
pateando a toda prisa, manoteando,
mondándose las uñas, contemplando,
arrugada la frente,
ojos de decir coplas de repente,
y parecía, en fin (¡triste tragedia!),
poeta que le silban la comedia;
yo que te vi atufado, me resuelvo,
vengo, voy, y ¿qué hago? torno y vuelvo.
Esto es lo que ha pasado;
mira que brevemente lo he contado.

Don Ramiro	Breve esta vez ha sido.
Reina	Adviértote que traigas escondido el dinero, que el Rey tiene mandado que yo no dé limosnas.
Don Ramiro	Ten cuidado.
Tarabilla	¿Esto te ha de quitar? ¡Extraños modos!
Reina	Dice que él la dará por mí y, por todos; pero voy a saber lo que ha pasado, pues tal tristeza dices que ha cobrado.
Tarabilla	Pues yo volver por la limosna quiero.
Reina	Y tú aguarda, Ramiro.
(Vase.)	
Don Ramiro	No te vayas, Tarabilla; aquí te espero; ¿Hablaste con Blanca?
Tarabilla	Sí.
Don Ramiro	¿Qué te dijo?
Tarabilla	Estaba allí don Carlos.
Don Ramiro	No es maravilla.
Tarabilla	Pero quiérote contar lo que con él me ha pasado;

                            pero ya yo te he vengado,
                            y así no te has de enojar
                            con don Carlos.

Don Ramiro   Di el suceso,

Tarabilla   Digo que a hablarla llegué,
                            y como a Carlos miré,
                            que me recelé confieso;
                            páseme atento a escuchar,
                            y don Carlos le decía:
                            «Ramiro, Señora mía,
                            me quiso el lienzo quitar,
                            pero yo se le quité;
                            y tambien muerte le diera
                            si al campo salir quisiera;
                            no quiso, y yo te dejé.»
                            Yo que injuriarte le oí
                            con semblante lisonjero,
                            salgo y cálome el sombrero
                            y enderezo el tahalí:
                            «Miente —le dije— el primero
                            padre que al hijo engendró,
                            de quien el nieto nació
                            que hizo al biznieto postrero,
                            y a otros tres bizes, y este es
                            el que como más castizo
                            al tataranieto hizo
                            de quien procedió despues;
                            porque nació otro prolijo
                            padre, y despues otro abuelo,
                            que despues hizo a otro hijuelo,
                            de quien él viene a ser hijo.»
                            Desmentile su linaje.

	«De un paje —me respondió—,
	no hago caso.» Y dije yo:
	«Si soy paje o no soy paje
	en la campaña diré.»
	Ligero como una paja
	bajo a la calle, y él baja,
	saco la hoja y le tiré
	(como tan valiente soy)
	estocada tan ardiente,
	que a no tenerme, la gente
	presumo que no le doy.
Don Ramiro	No van tus discursos malos.
Tarabilla (Aparte.)	¡Oh si allí me hubieras visto! (Miento, juro a Jesucristo, que me dio cuatro mil palos.) Mas Blanca sale, Señor.
Don Ramiro (Aparte.)	(¡Si habrá a don Carlos creído! confieso que estoy corrido.) Habla, no tengas temor.
(Sale Blanca.)	
Blanca	Señor don Ramiro ¿aquí? ¿Posible es que en tanto tiempo, no me habláis ni me buscáis? Poco en vuestro amor merezco. ¿Ya se acabó la fineza con que hablando y lisonjeros a los términos del alma llegaron vuestros acentos?

¿Qué hay de mí en vuestra memoria?
¿Y qué hay de vos en vos mesmo?
Que quien de su amor no sabe
menos sabrá del ajeno.
¿Qué tenéis aquestos días,
que os miro tan descompuesto,
que calláis, como que habláis,
y que vais a hablar con miedo?
No os acabo de entender;
¿Tenéis otro amor? ¿Ha hecho
alguna dama en Lisboa
en vos tan distinto efecto?
Mas no puede ser, que a veces
voy a querer tener celos,
y os miro tan retirado
que no hallo de quién tenerlos.
Y en parte, en parte me holgara
que me los diérais, supuesto
que los celos son agravios,
pero el olvido es desprecio;
mitigad el mal conmigo,
haréis menores los riesgos
que entre dos que bien se quieren
nunca se guardan secretos;
si no es que me aborrecéis.
Débaos yo, pues tanto os debo
de finezas y dulzuras,
saber vuestro mal que es menos;
no os dejéis llevar de todo,
dad al oído el remedio,
que el que ve el mal desde fuera
suele acertar el consejo.

Don Ramiro   No os admiren, Blanca hermosa,

                mis groseros desaciertos,
                voy a hablar, y temo hablar,
                vuelvo otra vez y enmudezco;
                quiero dilatar la voz,
                y al esforzarme no puedo;
                si dejo de hablar, a un punto
                los males dentro del pecho
                se esfuerzan por arrancarse;
                si los digo, es nuevo yerro,
                que sentirlos y decirlos
                aumentan el sentimiento;
                y si diciendo las penas
                es cierto que las aumento,
                más vale sentirlas solo,
                y así en el pecho las dejo.

Blanca   ¿Una pena (siendo tantas)
                no me diréis? ¿No merezco
                siquiera que yo os aplique
                a lo que pueda el remedio?

Don Ramiro   No, Blanca hermosa: no, Blanca;
                ni una pena decir quiero,
                que son tantas las que lloro
                y tantos males padezco,
                tan iguales las injurias,
                tan acordes los tormentos,
                que si una quiero decir,
                las demás penas, de celos
                que a unas llame y a otras deje,
                se levantarán del pecho.
                Y como son tantas penas
                que no hay para hablarlas tiempo,
                y es cierto que cada una

| | de por si querrá primero
| | salir, cuando llamo a una
| | las demás penas ofendo
| | y así, ni puedo la una
| | ni las otras decir puedo.

Blanca   Pues yo Ramiro te estimo
               tanto, que si fuera cierto
               que, yo tuviera tus penas,
               y si supiera que a un tiempo
               gustáras de oirlas todas,
               tanto a tu fineza debo
               que por los ojos brotara
               a diluvios sentimientos.
               Y para ejemplo de amor
               me rompiera el blando pecho,
               y tú por solo no dar
               a tus mismas penas celos,
               encubres a quien te adora
               un sentimiento que es menos.

Don Ramiro   Digo, pues que tú lo gustas,
               que don Carlos siempre necio...

Blanca   La Reina sale, Ramiro;
               para luego lo dejemos.

Don Ramiro   Hasta agora no quería
               decir mis penas, y luego,
               que al empezar con la una
               los demás pesares muevo,
               por salirse de tropel
               me revientan en el pecho.

(Sale la reina con un lienzo en la mano.)

Reina ¡Don Ramiro! ¡Doña Blanca!

Blanca ¡Señora!

Reina Mucho me alegro
de hallarte aquí.

Blanca Soy tu esclava.

Reina Saber, Blanca, de ti espero
si acaso se te cayó
en palacio aquese lienzo.

Blanca Sí, Señora.

Reina Pues si estuvo
tómale; pero te advierto,
blanca, pues eres discreta,
que otra vez mires primero
cómo le traes en palacio,
porque hay en él muchos necios
que suelen argüir mal
de ver un lienzo en el suelo,
y aunque pudo haber malicia,
ya sabes que no lo creo.

Blanca Yo, Señora, sabe Dios...

Reina El disculparte es el yerro.

(Sale Tarabilla con el dinero.)

Tarabilla   Señora; ya están aquí
                   los cincuenta escudos; pienso
                   que aguardan en la antesala
                   dos mil pobres, y si cuento
                   irlandesas y chiquillos,
                   no hay número para ellos;
                   que estas son tan pedidoras,
                   que cuando no hallan dineros
                   piden que de caridad
                   les hagan un niño destos.
                   Pero un pobre vi allá fuera
                   que fue un tiempo tabernero
                   y es pobre de puro tonto.

Don Ramiro   ¿Cómo es aqueste misterio?

Tarabilla   Como tenía el mejor pozo
                   del lugar, y fue tan necio
                   que no se aprovechó dél;
                   parece a otros taberneros
                   de agora, el grande salvaje,
                   que compran el vino lejos
                   a real la azumbre, y aquí
                   le venden al mismo precio,
                   beben dél, convidan del,
                   pagan portes y arrieros,
                   la sisa, alcabala, casa,
                   penas, gastos y cohechos:
                   visten, calzan, triunfan, comen,
                   y sin ser milagro aquesto
                   sobra la mitad del vino
                   y sacan libre el dinero;
                   pero toma esta limosna,
                   señora, en la falda.

Reina   Hoy quiero
salir a darla yo misma;
tú mira si salir puedo,
porque no me encuentre el Rey

(Vase Blanca.)

                           Y tú como limosnero
me preven todos los pobres.

Don Ramiro   El cielo pague tu celo.

(Vase.)

Reina   Y tú vete a esotra cuadra.

Tarabilla   Obedecerte es mi intento,
pero mira que don Carlos
me vio traer el dinero.

(Vase.)

Reina   A mi esposo hallé encerrado
con don Carlos en secreto.
¿Triste antes, y agora oculto?
Alguna desdicha temo.
Pero voy a socorrer
a los pobres y obre el cielo,
y si él quiere que padezca
solo padecer deseo.
¡Señor!

(Va a salir y cógela el Rey.)

Rey	¿Qué es esto, Isabel?
Reina	Es que vos... que yo... no acierto a decirlo, ¿qué diré?
Rey (Aparte.)	¿Qué lleváis aquí? (Sospecho que lo que Carlos me dijo no debe de ser incierto, pues me avisó que la Reina salía de su aposento a dar limosna.) Isabel, ¿No os he dicho que no quiero que por vuestra mano déis limosna? ¿Qué, no hay remedio en vos? Harto mejor fuera...
Reina	¿Yo, Señor, en qué os ofendo? ¿He dado limosna yo?
Rey	No, mas viene a ser lo mesmo; pues lleváis en vuestra falda dineros para ese efecto.
Reina (Aparte.)	Señor, os han engañado, (¡amparadme, hermoso cielo!) porque estas son unas flores que fui en el jardin cogiendo para el altar.
Rey	No es posible, ¿Flores en aqueste tiempo siendo invierno? Ya conozco, Isabel, lo que en vos tengo,

| | que en todo me engañará
quien quiere engañarme en esto. |
|---|---|
| Reina | Esto es verdad. |
| Rey | No es verdad;
no está el desengaño lejos:
mostrad. |
| Reina | Señor... |
| Rey | Acabad;
pero, ¿qué es esto que veo?
flores son, tenéis razón. |

(Descubre la falda, y donde echó el dinero halla flores.)

Reina (Aparte.)	Miró por mi causa el cielo.
Rey	¡Qué prodigio es el que miro!
Reina	Señor, conoced los yerros
de los que en vuestro palacio,
atrevidos, lisonjeros,
en mi honor y en vuestro honor
imponen vanos defectos.
Rey	¿Eso habéis de pronunciar?
Cerrad el labio grosero
en vuestro honor y en el mío,
y hoy dais a entender con esto
que tenéis algunas culpas
y pensáis que yo lo entiendo.
(Aparte.)	(¡Qué aún esto no me convenza!

     ¡Qué pesado es un recelo!)

(Vase.)

Reina   Fuese y dejóme; ia vos, Cruz,
     soberano firmamento,
     escala del cielo impíreo,
     en que aquel manso Cordero
     murió por mí, a vuestros clavos
     esta Cruz tambien ofrezco!
     pero la limosna iay Dios!
     se volvió en flores, y es cierto
     que me aguardarán los pobres.
     Buscar a Ramiro quiero.

(Sale un niño vestido de peregrino.)

     Mas, ¿quién es?

Niño   Un peregrino
     que viene de extraños reinos
     a pedir una limosna.

Reina   Aunque limosna no tengo,
     esperad, iré a buscarla;
     mas, ¿cómo en este aposento
     habéis entrado?

Niño   Soy niño,
     y aunque me entré con recelo
     a buscaros, me dejaron,
     si no fue que no me vieron.

Reina   Esperad, niño glorioso,

                        traeros limosna.

Niño   Aquí espero.

(Vase la Reina, y en tanto bajan por la tramoya dos ángeles con una cruz, en medio, y el niño se pone en ella, y suben y sale la Reina Isabel.)

Reina   Tomad, niño, este vestido;
                        pero, ¿qué es esto que advierto?

Niño   Esta es tu cruz, Isabel;
                        este es, esposa, el madero
                        en que me he puesto por ti
                        sufre tú esa cruz, que el cielo
                        te guarda en satisfacción
                        en su alcázar el asiento.

Reina   Mil muertes por vos sufriera;
                        dejadme ver desde lejos
                        vuestra gloria.

Niño   Sube, pues,
                        volverás a sufrir luego.

(Sube la Reina por otra tramoya, y júntanse en lo alto y vuelven, con que se da fin.)

                        Fin de la segunda jornada

Jornada tercera

(Salen santa Isabel, con un lienzo en los ojos, don Ramiro y Blanca.)

Blanca	Deja, Señora, el llorar,
	no le dés al sentimiento
	más quilates de tormento,
	más incendio en que penar;
	si no es ya que por vivir
	inmortal en tu tristeza,
	has hecho naturaleza
	el suspirar y el sentir.
Don Ramiro	Si no basta entre cuidado
	no vivir arrepentido,
	más vives de lo sentido
	que mueres de lo llorado.
	Y si el llanto desigual
	es pasión y no accidente,
	en ti el bien es contingente
	y en ti la pena inmortal.
Blanca	Dejen de correr dos mares
	por la margen de tus ojos,
	dinos, Reina, tus enojos,
	consúltanos tus pesares.
Don Ramiro	Tu vasallo soy, Señora.
Blanca	Y yo tu esclava he de ser;
	bien puedes ya suspender
	lágrimas, divina aurora.
Reina	No puede haber suspensión

en tan hallado tormento,
pues las lágrimas que siento
sudores del alma son.
si el llorar es descansar,
estos efectos ignoro,
pues tanto cuanto más lloro
tanto más vengo a penar;
¡Ay doña Blanca! ¡Ay Ramiro!
¡Oh qué eterno es mi dolor!
Un Etna es cada temor
y un volcán cada suspiro.

Blanca   En balde es nuestro desvelo,
si a una pena introducida
que le hallamos la salida
le buscas el desconsuelo;
mírate cuando te agrado
en los dos como en espejo,
y admita ahora el consejo
quien no desprecia el cuidado.

Reina   Todas son sendas inciertas;
esas dos puertas cerrad
y mi desdicha escuchad.

Don Ramiro   Ya están cerradas las puertas.

Reina   Bien sabes tú, doña Blanca
ya te acuerdas, don Ramiro,
que de Aragón, nuestra patria,
para Portugal salimos
seis años ha a desposarme
con el rey Dionís invicto,
más que de las voluntades

                    monarca de su albedrío,
                    contra mi gusto, pues fue
                    siempre mi primer desinio
                    ser esposa de otro dueño
                    en la Orden de Francisco,
                    recibiendo aquel sayal
                    de aquel seráfico asilo
                    que es la gala de los muertos,
                    es mortaja de los vivos.
                    Y aunque en tantas ocasiones
                    de consejos necesito,
                    en esta con más razón
                    que me aconsejéis os pido:
                    no tengo de quien fiarme
                    si no es de los dos, amigos,
                    ni cosas de tanto honor
                    (a no ser los dos tan míos),
                    fiara en tan graves daños.

Don Ramiro   Acaba, Señora, dinos
                    la causa de tus dolores
                    y efecto de tus suspiros,
                    fíate de nuestros pechos,
                    prosigue, acaba.

Reina   Prosigo:
                    carlos, privado del Rey,
                    este vasallo que altivo
                    tirano de aqueste imperio
                    hasta la cumbre ha subido
                    por agasajos al Rey.
                    Mintiendo el afecto mío
                    me trae inquieto a mi esposo,
                    con tanto extremo, que ha sido

causa de arrojarse el Rey
por pasas de error lascivos,
siendo escándalo de todos
al último precipicio,
pues que tiene en una dama
(que bien conoces) dos hijos:
yo, pues, mas que de los celos,
llevada del cielo pío,
reprendiéndole a don Carlos
los introducidos vicios,
se ha indignado con mi honor
tanto en su primer designio,
que en venganzas ha trocado
los escarmientos debidos;
¡con qué de afectos, lo lloro!
¡Con qué penas lo publico!
Y él por su cansa ha mandado
contra los intentos míos
que ningun pobre entrar pueda
dentro en palacio, y he visto
que con mi esposo y mi Rey
me ha descompuesto atrevido;
si entro a hablarle se retira
oféndese si le obligo,
si amorosa le agasajo
y a saber su pena aspiro,
con los ojos me responde
en lenguas de basiliscos;
cuando me habla, por cumplir
lo que se debe a sí mismo,
vienen a ser sus afectos
palabras de dos sentidos;
anda confuso, suspenso,
no sabe de su albedrío,

no habla a propósito nunca,
y suele, si está dormido,
levantarse de repente
dando voces y suspiros;
háse negado a mi lecho;
miéntese al amor más limpio;
todo es rigor en sus ojos,
todo en su mano es castigo;
estos días en la Audiencia
a los menores delitos
de las causas del honor
hace ejemplares castigos;
y, en efecto, ¡ay Blanca! ¡ay Blanca!
declarándose conmigo
me quiere dar a entender
que sus daños solicito;
ardo del mal de su enojo;
tú eres la causa, Ramiro;
pues él me aborrece solo
porque como a mí te estimo,
si te aparto de mis ojos,
hago culpa el que fue indicio,
y dura este mismo fuego
si te dejo a estar conmigo;
carlos siempre me persigue,
dale el Rey gratos oídos,
él es mucho riguroso,
es el Rey poco advertido;
yo no sé volver por mí,
mis ofensas solicito;
mi padre no sabe el caso,
yo tampoco se le escribo;
y en este mar de fatigas
lloro, siento, peno, gimo,

recelo, callo, consiento,
ardo, reviento, suspiro,
y cuando osada me aliento,
cuando piadosa me animo,
me combaten las congojas,
me desmayan los suspiros;
dadme agora los consejos,
pues en el mal que conquisto,
ni me vale cuanto anhelo
ni basta cuanto agonizo.

Don Ramiro   En tan graves accidentes,
en oprobios tan prolijos,
solo al último remedio
te llama el consejo mío;
padre tienes generoso,
valiente, constante, altivo,
escríbele tus cuidados,
sea por los propios filos;
si te agravia la intención
ejecutado el castigo,
él sabrá venir por ti,
deja los afectos píos,
que aún el mismo cielo quiere
dejarnos los albedríos;
no la cristiandad te obligue
ni tu amor, pues imagino
que es la defensa virtud
cuando es el daño preciso;
el agravio es evidente,
el desprecio es excesivo,
hállete en lo resistente
quien te culpa en lo benigno.
¿De suerte, que quieres, Reina,

dando el honor parasismos,
eternizarte en las penas
y cerrarte los caminos,
atajando las pisadas
para tu remedio mismo?
Si das limosna a los pobres,
se confirma por delito
lo que piedad viene a ser;
y cuando con amor fino
amorosa le agasajas,
más y más tu esposo indigno
se viste de su crueldad;
pues gane lo vengativo
lo que la piedad no alcanza;
al más empinado risco
que el linde a los cielos roza
un confuso vientecillo,
si de la montaña se halla
en las venas oprimido,
luchando tres elementos
la reduce a su principio;
la Luna tal vez se mira
que suele con rayos tibios
eclipsar luces al Sol
que arruga en su rostro limpio;
cuando una nao de la India
huella el recatado lino
cortando azules peñascos
entre los surcos y rizos,
siendo tan grande la nave
de la quilla al tope mismo,
que es una ciudad con alas,
con brazos un obelisco,
rémora suele tenerla,

siendo un corto pececillo,
pues si un leve y torpe viento
abate los obeliscos,
si al Sol la Luna se atreve
vestida en sus rayos mismos
y si la rémora a un monte
volátil les pone grillos,
tú que eres hija de un Rey
a quien en su sólio quinto
venera el airado Dios
más temeroso que fino,
¿por qué te dejas vencer
ese corazón altivo
que piadoso te detiene?
Obre menos compasivo
escribe a tu padre el Rey,
pues viene a ser más delito
que apariencias te convencen
que no que por tu honor mismo
mires como Reina y noble:
no te digo, no te digo
que es bueno enojar tu esposo,
pero tampoco confirmo
que al paso que van creciendo
en tu daño los peligros,
te acobarde tu fortuna;
que Carlos, siempre atrevido,
forme agravios que te ofendan,
que tu esposo vengativo
trace contra ti en tu honor
algún secreto castigo.
Este mi consejo es,
y si te parece indigno,
no le admitas como reina

	pues te le doy como amigo.
Reina	¿Y será bien que mi padre, de don Dionís ofendido, guerra intente? ¿Será bien que dos monarcas invictos contra las leyes del cielo, siendo cristianos y amigos se pierdan, y por mi causa? No, Ramiro: no, Ramiro, piérdame yo y muera yo esto agora determino. Dame, Blanca, tu consejo;
(Llamen.)	pero o me miente el sentido, o llamaron a la puerta.
Don Ramiro	Es ilusión; algún ruido sería de los que pasan.
Reina	Di, que tu consejo admito.
Blanca	En efeto, viendo el Rey que constante has permitido...:
(Llamen recio.)	
	Llamaron, y tu sospecha fue cierta.
Reina	Carlos ha sido, que al Rey sin duda ha avisado.
Blanca	Aquí podrás escondido, porque no te halle encerrado.

Reina No hagas tal, no lo permito,
que es dará entender al Rey
si le hallase algún indicio;
pero quiero abrir la puerta.

Don Ramiro Abre, pues, tu intención sigo.

Reina Tú puedes quedarte aquí,
blanca.

Blanca Obedecerte elijo.

(Sale el rey.)

Reina Esposo, tanto honor, tantos honores,
¿vos a verme en mi cuarto? ¡A estos favores,
como tan vuestra aspiro!

Rey (Aparte.) Señora. (¡Vive Dios que está Ramiro
en la sala! ¡Qué pena! ¡Qué tormento!
¡No sé cómo lo miro y lo consiento!
¿Qué haré, cielos?)

Reina Señor, ¿haber venido
a verme es causa de que suspendido
os haya mi agasajo y mi deseo?

Rey Vine porque si a mí... pero no creo
que estando Blanca aquí...

Reina ¿Qué decís?

Rey Nada.

(Aparte.)	(El alma está turbada,
	y tanto en mi tormento se provoca
	que salió el sentimiento por la boca
	dejadme, cuidadosos desconsuelos,
	pero no son cuidados, que son celos.)
Don Ramiro	
(Aparte.)	(El Rey está indignado,
	con los ojos hablando se ha mostrado
	su prolijo accidente:
	callando dice aún más de lo que siente.)
Rey (Aparte.)	(Disimular importa;
	mal mi pecho encendido se reporta,
	no hay cosa que me cuadre.)
	Una carta tenéis de vuestro padre
	salid por ella, que os aguardan creo.
Reina	Voy con vuestra licencia.
Rey	¡Honor, qué veo!
	¡Cielos, qué sufrimiento me condena!
Reina	Don Ramiro, tomad esta cadena
	y dádsela a los pobres.

(Vase, y dale la cadena sin que lo vea nadie.)

Don Ramiro	Voy, Señora.

(Cuando se vaya le llame el Rey.)

Rey	No os vais, Ramiro.

Blanca (Aparte.) (De temores llora
 mi corazón amante,
 pues le amenaza el Rey en el semblante,
 ¡qué airado! ¡Qué severo!
 aquí esconderme quiero.)

(Escóndese Blanca.)

Don Ramiro (Aparte.) (¡Qué temo! Llego a hablarle.) ¿Qué me ordenas?
 ya espero a que me mandes.

Rey (Aparte.) (Teneos, penas.)
 Esperad, que ya vuelvo.

(Vase el Rey, y cierra toda llas puertas.)

Don Ramiro Aquí os aguardo;
 ¿Qué es esto? ¿Más agora me acobardo
 en desdicha, en mis males tan ajena?
 ¿Si vio el Rey que me daba la cadena,
 y por aquesta causa me ha llamado?
 Todas aquellas puertas ha cerrado,
 si escondo la cadena y él la halla,
 hago culpa el indicio: el arrojalla
 no es remedio, y agora he reparado
 que el Rey con atención no me ha mirado,
 y hoy viene a ser de San Dionís el día,
 y es tan pública en todos la alegría
 que el Rey no ha de juzgar por cosa ajena,
 que en tal día me ponga una cadena,
 y diré, si él la ve, con osadía,
 no que aquí me la dio el que la traía;
 y pues no hay riesgo en ello,
 echarme quiero la cadena al cuello:

                            él entra ya, por Dios que estoy torbado
                            mas en ninguna ofensa estoy culpado;
                            obre benigno el cielo.
                            De su crueldad a mi inocencia apelo.

(Sale el rey.)

Rey (Aparte.)   (Aquesta es buena ocasión,
                            cerradas están las puertas,
                            el alma he de examinarle:
                            al arma, viles sospechas.)
                            ¿Don Ramiro?

Don Ramiro   Esclavo vuestro.

(No le mire el Rey.)

Rey   Porque argüir no se pueda
                            que sin evidentes cargos
                            os confirmo la sentencia
                            hoy sin que os mire a la cara,
                            porque no es razón que vean
                            mis ojos a quien me ofende
                            ni es razón que no me venza
                            a daros perdones tantos
                            cuando os culpan las ofensas,
                            atended a lo que os hablo.

Don Ramiro   Señor, ya que te prometas
                            tan recto al delito mío,
                            si es delito la obediencia,
                            mírame, airado o piadoso,
                            mirame, Señor, siquiera,
                            y sean jueces los ojos

	de lo que afirma tu lengua.
Rey	Esto no fuera castigo,
	antes premio a ser viniera:
	no os he de mirar, en fin;
(Aparte.)	(¡basta honor! ¡Dejame, ofensa!)
	¿No os he mandado, Ramiro,
	mil veces que por las puertas
	de los cuartos de mi esposa
	no entréis con tanta imprudencia?
	¿Que no déis limosnas suyas,
	puesto que son de mi hacienda,
	y es tanta la que me gasta
	que la mitad de mis rentas
	consume en solo limosnas?
	Vos pensáis que no me enseñan
	mis acciones a regirme,
	sin que fantasías vuestras
	os lleven a vuestro daño.
	¿Débese más obediencia,
	cuando el Rey es el señor,
	a preceptos de una Reina?
	Diréis que sois su vasallo,
	y que... pero no es aquesta
	razón para este descargo,
	y así la culpo por necia;
	y aunque es muy poco el castigo,
	salid de Lisboa, y sea
	esta noche; porque quiero,
	sin que otra razón me venza,
	castigar vuestras traiciones,
	porque...
Don Ramiro	Señor...

Rey	Ya me lleva mi pasión.
Don Ramiro	¡Señor! ¡Señor!
Rey	¿Queréis darme la respuesta? Decid, porque vuestra culpa os castigue y os convenza.
Don Ramiro	¡Ah, Señor, y qué arrojado te vencen tus apariencias! Tú que el ejemplo del mundo eres, y tú en quien encierra prodigalidad el pecho, noble el alma, resistencia, de dos tan distintas cosas, de dos cosas tan ajenas te llevas con la pasión, con la ceguedad te llevas; dame licencia, Señor, para que decirte pueda seguro mi sentimiento.
Rey	Si la doy porque os convenzan las razones que ponéis.
Don Ramiro	Pues digo con la licencia, aunque no es en este caso la que me diste primera, que quiero argüir contigo. ¿Quieres ver con evidencias en tu propia conclusión mi lealtad en mi inocencia

aquí del discurso tuyo?
Si en las zonas más adversas
que el ártico Polo manda,
y el Sol avariento peina,
por el Rey más generoso
tanto clarín te confiesa,
tanta fama te divulga,
¿por qué quieres tú que crea
que el evitar las limosnas
a mi señora la Reina,
procede más que de enojo
de la pobreza que alegas?
señor, si das en una hora
más que te valen las rentas
en un año, y ella solo
vestida de su clemencia,
da a los pobres generosa
lo que tú le das a ella,
¿no se conoce evidente
que de otra causa diversa
proceden esos enojos,
nacen esas inclemencias?
Luego si conozco yo
que no hay en aquesto ofensa,
y que es achaque del gusto
y no de su error fineza,
no delinquiré en la culpa,
puesto que pasa a evidencia
el conocimiento mío;
porque no era causa esta
para faltar al afecto
de una esposa y una Reina;
mas aqueste rigor tuvo,
o nace de otra sospecha,

o me falta la razón.
¿No ves aquella culebra
de cristal, aquel arroyo
que por la blanca maleza
deste risco de diamante
al rudo mar se descuelga?
Pues bien se ve donde para;
pero como se despeña
del copete desa roca
que el linde a los cielos besa,
no se sabe dónde nace;
al revés en ti se advierta;
tu ira, tu enojo, tu rabia,
tu rigor y tu imprudencia
que ansí se puede llamar
como dentro de las puertas
de palacio algún traidor
a que lo creas te fuerza,
se sabe de dónde nace.
Pero no que fines tenga.
¡Ah, Rey señor! un error
vale en ti más que una idea:
un discurso te acobarda,
una vil pasión te ciega;
ea, Señor; ea, Rey,
¿qué se ha hecho tu prudencia?
¿Adónde está tu cordura?
Mírame te pido; ea,
merezca aquesta disculpa,
oye otra causa más cierta:
citando un hombre está culpado,
si es bien nacido le afrenta
la traición, el mesmo cargo,
el delito, la obediencia,

          le acobardan tan corrido,
          tan delincuente le alteran,
          que para darla disculpa
          los ojos fija en la tierra,
          y da a entender su delito
          aún en lo mismo que niega
          pues si yo fuera culpado
          ¿no se viera en mi respuesta
          el indicio de mi culpa?
          Que no hay lengua tan discreta
          que a una traición cometida
          sofísticamente venza.
          ¿No hasta hoy esta disculpa
          que los discursos aprieta?
          Sin duda estás convencido,
          porque el actor cuando enseña
          cargos que están asentados,
          siendo la probanza cierta
          cara a cara las arguye,
          rostro a rostro las alega;
          mas si vuelves las espaldas,
          y enmudeces, hoy me enseñas
          que en favor me quieres dar
          actor o juez la sentencia.

Rey (Aparte.) (Ahora bien, mirarle quiero;
          porque si es opinión cierta
          que confiesan los semblantes
          lo que han negado las lenguas,
          puede ser que el rostro diga
          lo que hablando no pudiera:
(Míralo.)   en efecto, don Ramiro...
          ¿Mas no es esta la cadena
          que confuso y receloso

                         le di una tarde a la Reina?
                         Ella es, y viven los cielos...
                         Pero aquí sobran sospechas
                         cuando a los ojos del alma
                         pasaron las evidencias.)
                         Digo que tenéis razón;
                         seamos amigos, y sea
                         despues de aquestos enojos
                         esta la última experiencia;
                         dadme los brazos.

Don Ramiro   Los pies
                         quien es tu esclavo merezca.

Rey (Aparte.)   Levantad. (¡Cielos, qué intento!)
                         ¿Quién os dio aquesta cadena?

Don Ramiro   Es de... pero... ya no sé...

Rey (Aparte.)   (Turbóse, cielos! ¿Qué espera
                         mi sentido corazón?)

Don Ramiro
(Aparte.)   (Si acierto a no darle cuenta
                         de la verdad... pero en fin...)

Rey   Villano, si a tu defensa

(Sácale la espada a él.)

                         viniera el mundo, tu espada
                         te ha de dar la muerte mesma.

(Sale Blanca que estaba escondida.)

Don Ramiro	Señor, ¿en qué te he ofendido? Deten la cuchilla fiera.
Blanca	Rey, Señor, ansí...
Rey	¿Qué es esto?
Blanca	Ansí tu heroica diadema en los átomos del Sol se esmalte de rubias hebras. Que a Ramiro, que a mi esposo, (que lo ha de ser) no le ofendas; tu vasallo, Señor, es; yo le estimo, y ansí fuera impiedad de mi constancia, de mi amor mucha paciencia, que tú le quites la vida si a mí con ella me dejas. Detrás de aquesta cortina, cuando cerraste las puertas, recelando algún peligro pude quedar encubierta.
Rey	Basta, Blanca, no prosigas; tal estoy que entre mis penas, llevado de una pasión torpe el discurso y paciencia sin saber de mí arrojado; pero lo que fuere sea.

(Arroja la espada, y vase.)

Toma, Ramiro, tu espada.

Don Ramiro	Vivas edades eternas. ¿Qué dices, Blanca, de aquesto?
Blanca	Que conozco tu inocencia, y que aunque es santa Isabel, y aunque la vida me debas, el Rey airado se incita, carlos traidor le gobierna, que huyas a Aragón si quieres librarte, aunque ausente muera.
Don Ramiro	Sin ti no quiero la vida.
Blanca	Huye, Señor, note pierdas.
Don Ramiro	Contigo será ganarme. Que es otra muerte la ausencia.
Blanca	Pues yo moriré contigo.
Don Ramiro	Yo viviré en tu belleza.

(Vanse. Sale don Carlos.)

Carlos	A una traición inducida, a una piedad intentada, ¡oh cuán fácil es la entrada! ¡Cuán difícil la salida! Aventurando la vida, inducido de un rigor, obligado de un temor sin poderme reportar, yo mismo me vengo a entrar

en el lazo de mi error.
El Rey me quiere, de suerte
que en su amor está mi engaño,
si le digo el desengaño
es labrarme yo mi muerte;
seguir la traición es fuerte
delito de mi sentir;
ingratitud proseguir
¿qué haré, pues, sabio dudar,
si el conseguirla es matar
y el declararla es morir?
¡Válgame Dios, qué pesado
es un impulso advertido,
pues llora lo corregido
los defetos de lo errado;
y aunque me hallo reportado,
en el rigor, más constante
sigo el destino arrogante;
y ya por no poder más,
si quiero volverme atras
es volver más adelante!
Empecé aquesta traición
contra Isabel y Ramiro,
y cuanto a su mal aspiro
me induce la obstinación,
con razón o sin razón
ya cometí exceso tal;
y ansí el discurso inmortal
me asegura que es mejor
el vivir por lo traidor
que el morir por lo leal.

(Sale la reina.)

Reina	Carlos en aquesta sala
	hablando consigo está,
	hoy de mi piedad verá
	que a sus traiciones iguala.
	¿Carlos?
Carlos	Señora.
Reina	Con vos
	tengo un mal que declarar.
Carlos	Bien le podéis consultar,
	solos estamos los dos.
Reina	Desde que vine a Lisboa,
	que pienso que habrá tres años,
	a casarme con Dionís
	por conciertos de don Vasco,
	bien contra mi voluntad,
	tan contra mi honor os hallo,
	tan contra mi sangre os miro,
	tan negativo os reparo,
	que excede vuestra imprudencia
	los límites de vasallo.
	Carlos yo he de convenceros
	esta vez; pregunto, Carlos,
	¿en qué os he ofendido yo
	que arrogante y temerario
	me ponéis mal con mi esposo
	porque vuestra traición callo?
	¿Porque os sufro descompuesto,
	porque fiel os agasajo,
	vos me perseguís cruel,
	vos me prometéis airado?

¿Porque os riño, que a mi esposo,
Carlos, habéis inquietado,
llevándole en vuestro enojo
por tantos lascivos pagos
me perseguís? ¿Es razón
Cuando yo, contra los hados,
soy diamante en la firmeza,
soy en la dureza mármol?
Vos de mi rigor convencido
y de una pasión llevado,
me tocáis en el honor:
¡Que no llegue a lastimaros,
mirarme tan perseguida!
Ansí a los blasones claros
de los reyes vuestra lengua
impone defetos varios.
¿Qué os hizo, decid, Ramiro
en vuestro enojo? Si acaso
es porque a Blanca pretende
con amor tan limpio y casto
que no pasan sus intentos
del límite del recato:
si es porque vos la queréis
por esposa, habladme claro,
y os la daré, Carlos: ea,
basten ya rigores tantos;
yo os disimulo traiciones,
y vos rebelde, obstinado,
os dejáis llevar de vos;
no soltéis la rienda al daño,
sed amigo agradecido
a mi amor: ejemplos varios
de agradecimiento hay;
el gavilán que volando

tan soberbio se remonta
que en los aéreos palacios
ni deja la garza altiva
ni olvida el jilguero ufano
por satisfacer la hambre,
pues haciéndolos pedazos
trincha con sus propias uñas
las tiernas carnes, dejando
en monumentos de pluma
su espíritu sepultado;
cuando quiere anochecer
discurriendo por los campos,
príncipe de las campañas,
por tener los pies helados,
un pájaro en ellos prende
que le da calor, en tanto
que la primer luz del día
dora los montes nevados;
y con poderle tragar
a aquel beneficio ingrato,
le suelta por la mañana,
y hacia otra parte volando
por no encontrarle encamina
el vuelo precipitado.
Pues si un ave reconoce
aquel beneficio escaso,
siendo irracional prodigio,
tú, que beneficios tantos
recibes de mí y del Rey,
¿Por qué con tantos engaños
muriendo le haces vivir
y me haces morir penando?
Ea, véncete y acabe
tanto mal nacido agravio,

                        reporta tus sentimientos.
                        ¿Qué me respondes, don Carlos?
                        Enmudeces, enmudeces;
                        si no te obligo rogando
                        como Reina, si no quieres
                        obedecerme vasallo,
                        como una humilde mujer
                        que viene a pedir tu amparo
                        a tus pies este favor
(De rodillas.)   con sudores destilados
                        del alma que los arroja
                        pido, si Reina no basto.

Carlos   Señora...

Reina   Por Dios lo pido,
                        sé piadoso que ansí alcanzo
                        este favor; de tus pies
                        no he de levantarme en tanto
                        que no me hagas este bien.

(Sale el rey.)

Rey   ¿Qué es aquesto?

Reina   Que he llegado
                        de una injuria que le hice
                        a pedir perdón a Carlos,
                        y es tan leal y tan noble
                        que la ofensa ha perdonado.
                        ¿Pues de rodillas te pile?

Reina   Hícele tan grande agravio
                        que me dejé de ser Reina,

	y con mi afecto postrado
	le pedí me perdonase;
	pero en vos, Señor, no hallo
	camino para pediros...
Rey	Basta.
Reina	Ya sé que os enfado
	con palabras y con obras;
	a recogerme a mi cuarto
	me iré; perdonad, Señor.
	¡Dadme, cielos, vuestro amparo!
(Vase.)	
Rey	¿Carlos, qué ha sido este exceso!
Carlos (Aparte.)	(¿Qué haré? ¡Cielos soberanos!
	si le digo la verdad,
	infelice muerte aguardo;
	si prosigue mi traición,
	a la Reina y su honor falto;
	pero mi vida es primero.)
(Aparte.)	Señor, fue... (¡Cielos! no hallo
	caminos con que acredite
	los empezados engaños.)
Rey	¿Vos dudáis? Carlos, amigo,
	contaldo, acabad, contaldo.
Carlos	Señor, como ve la Reina
	que contigo valgo tanto,
	y que hoy por enojos tuyos
	a Ramiro has desterrado,

| | me dijo que te pidiese
que mandes que éntre en palacio.
Esta es la verdad, Señor.

Rey   Echó la evidencia el falto;
            llama a Ramiro.

Carlos.   Ya voy.

(Vase.)

Rey   ¡Oh tú, de los cielos astro,
            que mueves segunda causa,
            tanto impulso soberano!
            ¿Qué me quieres? Déjame
            esos que destilas rayos
            al índice de mi vida
            reprime, basten agravios;
            al honor de un rey te opones;
            pero no, estrella, no alcanzo
            que tú me infundas desdichas,
            para estas penas me guardo
            que contarán los anales
            de los venideros años;
            pero aquí viene Ramiro.

(Sale don Ramiro.)

Don Ramiro Agora me ha dicho Carlos
            que me llamáis.

Rey   Ansí es;
            ramiro, los desengaños
            son espejos en que el Sol

	mira sus dorados rayos;
	sois noble, sois bien nacido,
	y sé que he estado engañado
	y si un Rey puede pediros
	que le perdonéis, cobraos
	de la ofensa recibida,
	y dadme agora los brazos,
	que hoy quiero poner el cetro
	y corona en vuestras manos.
Carlos (Al paño.)	El Rey está con Ramiro,
	fuerza ha de ser escucharlos.
Don Ramiro	¿Tan de repente, Señor,
	honras, mercedes y cargos?

(Sale la reina a la otra parte del paño.)

Reina	Ramiro está con mi esposo:
	alguna desdicha aguardo.
Rey	Pues para que conozcáis
	cuánto os quiero, estimo cuanto
	por principio de mi fe,
	este papel os encargo;
	llevareiste donde dice
(Dale un papel.)	con diligencia y cuidado:
	todo mi honor está en él;
	no se le he fiado a Carlos,
	porque me importa el sosiego;
	la vida estoy aguardando
	con la respuesta, Ramiro,
	en él mis dichas restauro;
	sea luego y no te fies

| | de amigo ni de criado
que a vos tambien os importa. |
|---|---|
| Don Ramiro | Yo voy luego. |
| Rey | Y yo os aguardo. |

(Vase.)

Don Ramiro	Yo iré.
Carlos (Aparte.)	(Pues agora salgo
y pido aqueste papel,
que puesto que importa tanto,
me ha de agradecer el dey
que yo me haya adelantado.)
Don Ramiro	Pues obedecer conviene,
obre el cielo.
Reina	Ten los pasos
dame, Ramiro, el papel.
Don Ramiro	Señora...
Reina	Ya yo sé el caso,
que un negocio que me importa
se ha de hacer antes: yo mando
que me le déis.
Don Ramiro	Yo obedezco.

(Dásele a la Reina.)

Reina	El correo que ha llegado
me ha avisado que mi tío
don Jaime, el infante, ha dado
a la carrera del mundo
los precipitados pasos;
en efecto, ha muerto ya.
Tú agora como criado
de quien fío mis secretos,
puedes hacer que en palacio
le digan luego esas misas;
esto no permite espacio,
esto importa más que lodo,
y puesto que importa tanto,
mientras que a Dios le encomiendo
puedes hacer lo que mando.
Don Ramiro	Obedeceros es justo.
(Vase.)	
Carlos (Aparte.)	Bien mi intento se ha trazado,
aquesta es buena ocasión,
ahora bien yo me adelanto.
Reina	¿Dónde vais, Carlos?
Carlos	Señora,
el rey Dionís me ha mandado
que buscase a don Ramiro
para que me dé el despacho
de un papel que importa mucho.
Reina
(Dale el papel.)	Carlos, este es el papel.

Carlos	Ya como noble vasallo os he servido.
Reina	Ya sé lo que tengo en vos, don Carlos.

(Vase.)

Carlos	A llevar voy el papel donde dice, que así alcanzo que culpe el Rey a Ramiro y me agradezca el cuidado.

(Vase. Sale Tarabilla.)

Tarabilla	Aqueste mundo, Señores, todo es traza, todo es modos, y en él nos morimos todos de enfermedad de doctores; y echando por el atajo, pues tan mortales nos vemos, señor Tarabilla, bajemos treinta puntos más abajo; el Rey sale, y traigo aquí un arbitrio que he pensado, que no he de ser desgraciado pues ser bufon escogí.

(Sale el rey.)

Rey	Oh gracias a mis recelos, que esta vez han de acabarse con la vida de Ramiro

	mis celos y mis pesares; ¡Oh gracias! —¿Quién está aquí?
Tarabilla	Aquí, Señor, no está nadie.
Rey	¿No sois álguien vos?
Tarabilla	Yo no, siempre me dijo mi madre que no era nadie en el mundo.
Rey	¿Qué queréis?
Tarabilla	Quiero contarte cierto librillo que he escrito, que ha de ser muy importante a todas las damas cultas, y ha de venderse a millares si me andan bien tus libreros.
Rey	¿Cómo se llama?
Tarabilla	Es notable título: «Disparatorio de todas las cultinantes remedio para hablar culto cualquiera mujer de partes, que enfade a toda Lisboa y a treinta mil mundos canse».
Rey	Idos, y vedme despues.
Tarabilla	Ese despues es muy tarde, y es mi hambre muy temprana.

Rey	Acabad.
Tarabilla	Para que acabe es menester que me ayuden.
Rey	Pues tomad ese diamante.
Tarabilla	¡Jesus! ni por pensamiento, ¿Pues yo había de tomalle?

(Tómale y vase.)

Rey	Agora que estoy conmigo prevenir es importante con la muerte de mi esposa la venganza de mis males; y agora quiero mirar si es que en su cuarto se hallase, correr quiero esta cortina.

(Corre la cortina y halla a la reina Isabel, vestida de Tercera, delante de un Cristo crucificado.)

	Pero, ¿qué nuevos disfraces son estos con que la miro? suspenso mi furor yace.
Reina	¡Señor, pues que vos queréis que yo muera en este traje, y agora en él me mudáis, procurando adelantarme lo futuro de las dichas a lo cierto de los males,

	dejad vivir a mi esposo!
Rey	Con la verdadera imagen
	de Cristo crucificado,
	fijo el hermoso semblante
	arrobada se suspende,
	¡qué grandes dificultades,
	volviendo por su inocencia
	a ser mayores se añaden!
	Sin duda que el cielo quiere
	que mi honor dificultase,
	que un grande escrúpulo siempre
	se trueca en amor más grande;
	pero aún más queda que hacer:
	correr quiero el velo antes
(Corre la cortina.)	que deje la devoción,
	llamar aquí es importante
	a Carlos para que vea...

(Sale Tarabilla.)

Tarabilla   Aquel artífice grande
                     que está fabricando el fuerte
                     que orillas de la mar haces
                     de peña muerta y cal viva,
                     me ha dicho que quiere hablarte.

Rey   Entre; de nuevo recelo
                     mayores penas y males.

(Sale el artífice.)

Artífice   Deme los pies vuestra alteza.

Rey	Levantad.
Artífice	Dionís el grande, ¿Conocéis este papel que esta mañana me enviastéis?
Rey	Si le leéis lo sabré; decid.
Artífice	Dice ansí, escuchadme.
(Lee.)	«Maestro mayor de la fábrica del nuevo fuerte que está a la orilla del mar: Al que éste lleva haréis confesar y echaréis dentro de uno de los hornos de cal viva que están a vuestra disposición; sea con secreto que a mí me va la opinión y a vos la vida.»
Rey	Es verdad, yo le escribí.
Artífice	Pues apenas llegó a darme este cerrado papel de su desdicha ignorante, cuando obediente dispongo de vuestros decretos reales la ejecución y el castigo; pero al tiempo de arrojarle a ser inútil ceniza de ardientes llamas voraces, para hablarme estas razones me pidió que le aguardase: «Capitán (me dijo entonces) hoy pretenden castigarme los cielos de mis delitos puesto que son los más graves.

　　　　　　　　　　Contra el Rey he cometido
　　　　　　　　　　tal ofensa, injurias tales,
　　　　　　　　　　que han permitido los cielos
　　　　　　　　　　que a tus rigores los pague;
　　　　　　　　　　al rey Dionís he ofendido,
　　　　　　　　　　traidor he sido a su sangre,
　　　　　　　　　　la Reina fue el instrumento.»
　　　　　　　　　　Y desvaneciendo al aire,
　　　　　　　　　　su cuerpo sujeto al plomo,
　　　　　　　　　　le solicité cadáver;
　　　　　　　　　　urna de nieve es el mar
　　　　　　　　　　en cuyo túmulo yace
　　　　　　　　　　escarmiento de sí mismo
　　　　　　　　　　en campañas de diamante;
　　　　　　　　　　yo he dado la justa muerte
　　　　　　　　　　al mismo que tú me enviaste;
　　　　　　　　　　él dijo que era traidor:
　　　　　　　　　　que lo ha sido, tú lo sabes,
　　　　　　　　　　que te serví, ya lo has visto,
　　　　　　　　　　como Rey puedes mandarme,
　　　　　　　　　　pues como noble vasallo
　　　　　　　　　　he de aguardar que me mandes.

Rey　　　　　　　　¡Vive Dios! que mis sospechas
　　　　　　　　　　salieron ciertas verdades,
　　　　　　　　　　¡oh traidor! ¡Oh vil Ramiro!
　　　　　　　　　　que a voces lo publicase!
　　　　　　　　　　¡No lo callára en la muerte
　　　　　　　　　　ya que en la vida lo obrase!
　　　　　　　　　　¡Ah vil Ramiro!

(Sale donRamiro.)

Don Ramiro　　　　　　　　¿Señor?

Rey   ¿Qué es esto? —¿Tú no llevaste
                    un papel que yo te di?

Don Ramiro   La Reina quiso obligarme
                    que fuese a oír unas misas
                    por el Infante don Jaime,
                    y quedó con el papel.

Rey   ¿Y ella?

(Sale la reina.)

Reina   Tente, no te agravies
                    de lo mismo que es tu honor
                    carlos vino de tu parte
                    y dijo que se le diese.

Rey   ¿Luego a Carlos arrojaste
                    en el horno?

Artífice   Yo, Señor,
                    leí que al que lo llevase
                    le diera la justa muerte:
                    hice lo que tú mandaste.

Rey   Este es decreto del cielo
                    que ha querido castigarle.
                    señora, si agora bastan…

Reina   Ya miro por las señales
                    que conocéis mi inocencia.

Rey   Yo prometo…

Don Ramiro	Señor, antes que prometáis a la Reina, tu voluntad, quiero darle esta cadena que un día me dio para que gastase con los pobres, porque ya que de su inocencia sabes, no es necesario venderla.
Rey	¡Hay desengaño más grande!
Tarabilla	Escuchen vuesas mercedes; doña Blanca ha de casarse con don Ramiro allá dentro; ha de ser la noche grande. hay comedia de repente donde hay grandes disparates, que los remite el poeta para la segunda parte.
	Fin

Libros a la carta

A la carta es un servicio especializado para
empresas,
librerías,
bibliotecas,
editoriales
y centros de enseñanza;
y permite confeccionar libros que, por su formato y concepción, sirven a los propósitos más específicos de estas instituciones.

Las empresas nos encargan ediciones personalizadas para marketing editorial o para regalos institucionales. Y los interesados solicitan, a título personal, ediciones antiguas, o no disponibles en el mercado; y las acompañan con notas y comentarios críticos.

Las ediciones tienen como apoyo un libro de estilo con todo tipo de referencias sobre los criterios de tratamiento tipográfico aplicados a nuestros libros que puede ser consultado en Linkgua-ediciones.com.

Linkgua edita por encargo diferentes versiones de una misma obra con distintos tratamientos ortotipográficos (actualizaciones de carácter divulgativo de un clásico, o versiones estrictamente fieles a la edición original de referencia).

Este servicio de ediciones a la carta le permitirá, si usted se dedica a la enseñanza, tener una forma de hacer pública su interpretación de un texto y, sobre una versión digitalizada «base», usted podrá introducir interpretaciones del texto fuente. Es un tópico que los profesores denuncien en clase los desmanes de una edición, o vayan comentando errores de interpretación de un texto y esta es una solución útil a esa necesidad del mundo académico.

Asimismo publicamos de manera sistemática, en un mismo catálogo, tesis doctorales y actas de congresos académicos, que son distribuidas a través de nuestra Web.

El servicio de «Libros a la carta» funciona de dos formas.

1. Tenemos un fondo de libros digitalizados que usted puede personalizar en tiradas de al menos cinco ejemplares. Estas personalizaciones pueden ser de todo tipo: añadir notas de clase para uso de un grupo de estudiantes, introducir logos corporativos para uso con fines de marketing empresarial, etc. etc.

2. Buscamos libros descatalogados de otras editoriales y los reeditamos en tiradas cortas a petición de un cliente.

www.ingramcontent.com/pod-product-compliance
Lightning Source LLC
LaVergne TN
LVHW041300080426
835510LV00009B/820